Stratégies pour le seuil #1

# Comment gérer Python :

## l'esprit d'étranglement

Anne Hamilton
et
Arpana Dev Sangamithra

*Comment gérer Python : l'Esprit d'étranglement*
*Stratégies pour le seuil #1*

Anne Hamilton 2017

Publié par Armour Books
Box 492, Corinda QLD 4075, Australie

Photo de couverture
Crédit photo de couverture : Walk in the Light
de Graham Braddock

Composition pages intérieures et Mise en page par
Book Whispers

ISBN : 9781925380446

Données d'indexation avant publication de la Bibliothèque nationale d'Australie

Créatrice : Hamilton, Anne, 1954 - auteure.

Titre : Comment gérer Python : l'esprit d'étranglement
ISBN : 9781925380095 (livre de poche)

Stratégies pour le seuil #1

# Comment gérer Python :
## L'Esprit d'Étranglement

Anne Hamilton
et
Arpana Dev Sangamithra

Les citations des Écritures portant la mention BSB sont tirées de la version Holy Bible, Berean Study Bible, BSB Copyright ©2016 par Bible Hub Reproduit avec autorisation. Tous droits mondiaux réservés.

Les citations des Écritures portant la mention ESV sont tirées de la version ESV® (The Holy Bible, English Standard Version®), copyright © 2001 par Crossway, un ministère de publication Good News Publishers. Reproduit avec autorisation. Tous droits réservés.

Les citations des Écritures portant la mention "Darby" sont tirées de la version Darby Translation Bible. Domaine public.

Les citations des Écritures portant la mention GNT sont tirées de la version Good News Translation in Today's English - Deuxième édition Copyright © 1992 par American Bible Society. Reproduit avec autorisation.

Les citations des Écritures portant la mention HNV sont tirées de la version Hebrew Names Version de la Bible. Domaine public.

Les citations des Écritures portant la mention ISV sont tirées de la version Holy Bible: International Standard Version®. Copyright © 1996 - à perpétuité par la Fondation ISV. Tous droits internationaux réservés. Reproduit avec autorisation.

Les citations des Écritures portant la mention KJV sont tirées de la version King James Version de la Bible. Domaine public.

Les citations des Écritures portant la mention NASB sont tirées de la version New American Standard Bible®, Copyright ©1960, 1962, 1963, 1968, 1971, 1972, 1973, 1975, 1977, 1995 par la Lockman Foundation. Reproduit avec autorisation. (www.Lockman.org)

Les citations des Écritures portant la mention NLT sont tirées de la version Holy Bible, New Living Translation, copyright 1996, 2004. Reproduit avec autorisation de Tyndale House Publishers, Inc., Wheaton, Illinois 60189. Tous droits réservés.

Les citations des Écritures portant la mention NIV sont tirées de la version Holy Bible, New International Version, NIV. Copyright 1973, 1978, 1984, 2011 par Biblica, Inc. Reproduit avec autorisation de Zondervan Tous droits mondiaux réservés. www.zondervan.com Tous droits mondiaux réservés. www.zondervan.com Les versions NIV et New International Version sont des marques déposées à l'Office des brevets des Etats-Unis par Biblica, Inc.™.

Autres livres écrits par

# Anne Hamilton

### Théologie dévotionnelle

***God's Poetry***: The Identity & Destiny Encoded in Your Name

***God's Panoply***: The Armour of God & the Kiss of Heaven

***God's Pageantry***: The Threshold Guardians & the Covenant Defender

***God's Pottery***: The Sea of Names & the Pierced Inheritance

***God's Priority***: World-Mending & Generational Testing

***Plus précieuse que des perles :*** La bénédiction d'une mère et la faveur de Dieu envers les femmes
(avec *Natalie Tensen*)

### Mathématiques et Théologie dans la Poésie Médiévale

***Gawain and the Four Daughters of God:***
The testimony of mathematics in Cotton Nero A.x

### Livres pour enfants primés

***Many-Coloured Realm***

***Daystar:*** The Days are Numbered Book 1

***Merlin's Wood:*** The Battle of the Trees 1

## Table des matières

| | | |
|---|---|---|
| Introduction | | xi |
| 1 | **Python met la pression** | 1 |
| 2 | **Python va au cinéma** | 41 |
| 3 | **Python trouve son maître** | 57 |
| 4 | **Python et le yoga** | 95 |
| 5 | **Python se fait mettre au tapis** | 109 |
| Annexe 1 | Résumé bref | 165 |
| Annexe 2 | Divers | 169 |
| Annexe 3 | Symboles courants représentant Python | 179 |
| Annexe 4 | Le Fauteuil d'Argent | 183 |
| Notes de fin | | 205 |

# Remerciements

Je dois tant à tellement de personnes qui ont partagé leur vie avec moi alors que je parcourais le processus des seuils.

Cela dit, concernant le processus d'écriture de ce livre, il y a juste quelques personnes que j'aimerais mentionner pour l'aide qu'elles m'ont apporté à des moments cruciaux :

Michael Knoeppel, qui a vérifié les mots en hébreu commençant par les lettres 'peh' et 'teth', et dont la contribution a été déterminante pour me permettre d'identifier le rapport entre les tactiques de Python et son nom.

Ben Gray, qui le premier a attiré mon attention sur les termes étranglement et gaspillage/dégénération, qui décrivent parfaitement l'expérience de franchissement du seuil.

Donna Ho, qui a fourni des informations de première main sur ce qu'est un amicus curiae en Australie.

Arpana Dev Sangamithra, qui a généreusement contribué à pratiquement tout le Chapitre 4.

Meredith Swift, Elizabeth Klein, Quang Hii, Natalie Tensen, Melinda Jensen, Janette Busch, Alison Collins, Rhonda Pooley, Judy Rogers et Janice Speirs qui ont contribué une grande variété de renseignements précieux.

Ma maman, Dell Hamilton, qui a élaboré les prières à la fin de chaque chapitre.

La Merveilleuse Trinité – Abba Dieu le Père, Jésus Son Fils Unique, et le Saint Esprit – sans les conseils desquels il serait impossible de se libérer de l'emprise de Python

# Introduction

Paul de Tarse écrit : « *afin que Satan n'ait pas le dessus sur nous : car nous n'ignorons pas ses machinations* ». (2 Corinthiens 2:11 Martin)

Cette déclaration était vraie il y a environ 20 siècles mais ce n'est pas le cas aujourd'hui. Sur bien des plans, c'est vraiment dommage que ce livre soit nécessaire. Cependant, si peu de croyants sont conscients des tactiques de l'ennemi de nos âmes, il semble que c'est le moment opportun pour rassembler les informations soulignées dans *God's Pageantry* et *God's Pottery* de manière plus systématique.

Ce livre se focalise sur l'un des problèmes les plus fréquents sur les seuils vers notre destinée : un esprit sentinelle connu sous le nom de Python.

Ce n'était pas particulièrement une partie de plaisir que de rassembler ces informations. CS Lewis a dit une fois dans une interview : « de tous mes livres, il n'y en a qu'un que je n'ai pas pris plaisir à écrire...*Tactiques du diable : lettre d'un vétéran de la tentation à un novice*... elles étaient ennuyeuses et graveleuses... Appeler le bien le mal et le mal le bien c'est fatiguant ». Je comprends ce sentiment : après avoir écrit sur Python pendant un moment, je me sentais pratiquement étouffer et j'aspirais désespérément à écrire quelque chose sur la beauté et la majesté de Dieu.

Comme d'habitude, ce livre est censé être utilisé pour lancer une discussion – ce n'est pas le dernier mot sur ce sujet. Encore une fois comme d'habitude, il a été conçu avec une structure mathématique sous-jacente, un style littéraire numérique inspiré par la fusion des mots et les chiffres présente dans les évangiles et les épîtres.

Je fais ici une mise en garde importante à tous les lecteurs. J'ai remarqué que chaque fois que les prédicateurs écrivent ou parlent longuement des esprits comme Python, cet esprit particulier se présente et s'immisce dans les paroles de la personne qui enseigne aux trois quarts environ de leur présentation.

J'ai prié pour *qu'absolument rien* dans ce livre ne puisse être interprété comme une invitation adressée à Python de se présenter dans ces pages. Cependant, s'il arrive que vous discerniez quelque chose qui cloche dans mes formulations, s'il vous plaît contactez-moi – parce que je ne voudrais pas que ce type de problème ne soit pas réglé.

Tout au long de cette ouvrage, les termes *seuil* et *alliance de seuil* seront constamment utilisés. En ce qui concerne le mot *seuil*, chaque fois qu'il est utilisé dans un sens spirituel, il dénote le point d'entrée dans notre destinée. C'est essentiellement un portail ou une ouverture vers notre vocation individuelle que Dieu a désignée pour chacun d'entre nous avant la fondation du monde. Pour ce qui est de *l'alliance de seuil*, ce concept est réintroduit après une longue période d'obscurité historique dans *God's Pageantry* et *God's Pottery*.

L'un des livres les plus courts des Écritures est le livre de Jude. Il ne mentionne ni Python ni les seuils, mais il y fait constamment allusion. Il se termine avec cette assurance de la protection de Dieu :

*Or, à celui qui peut vous préserver de toute chute et vous faire paraître devant sa gloire, irrépréhensibles et dans l'allégresse, à Dieu seul, notre Sauveur, par Jésus Christ notre Seigneur, soient gloire, majesté, force et puissance, dès avant tous les temps, et maintenant, et dans tous les siècles ! Amen.*

Jude 1:24-25 LSG

Si j'ai une recommandation à faire avant que vous ne commenciez à lire ce livre, c'est la suivante : lisez Jude. Attentivement et soigneusement.

Finalement, veuillez noter ce qui suit : j'aime la fiction de CS Lewis, l'auteur du *Monde de Narnia*. J'ai essayé une fois de lire sa poésie et j'ai abandonné après la première page, me disant qu'il avait fait preuve de sagesse lorsqu'il a pris la décision de passer à autre chose. Cependant, lorsque j'essayais de comprendre le symbolisme des rêves que ma sœur et moi avions lorsque nous étions enfants, les moteurs de recherche me menaient régulièrement aux œuvres de Clive Hamilton, un nom que j'ai découvert plus tard être le pseudonyme de Lewis. J'y suis retournée et j'ai persévéré dans la lecture de cette poésie – je me suis rendu compte qu'il en savait bien davantage sur les esprits familiers qu'il ne l'avait révélé. J'étais en colère. Je ressentais le besoin de savoir ce qu'il avait gardé secret. C'est seulement *après* avoir compris la nature des seuils et des alliances de nom que l'on se rend compte à quel point sa fiction traite de ces problèmes. Elle les dissimule et les révèle simultanément.

Néanmoins maintenant–après près de deux décennies – je comprends sa réticence. Si Dieu ne vous donne pas la permission de tirer le rideau sur Ses secrets, alors vous ne le faites pas. Alors, l'annexe 4 à propos du *Fauteuil d'Argent* n'est pas pour tout le monde. Elle est longue, décousue et verbeuse – elle n'est pas tout à fait dans l'esprit du reste du livre. Mais quelque part dans le monde, il y a quelques individus qui ont besoin de lire ce qui y est écrit.

Anne Hamilton

Juillet 2017

# 1
# Python met la pression

La dernière marche, la première marche, la frontière, la limite, le portail, la porte, le pont – il y a tellement de manières différentes d'imaginer les seuils. Nos ancêtres considéraient ces endroits liminaux comme étant dangereux et plein de risques.

Parce que nous avons domestiqué une si grande partie de notre monde, nous avons généralement oublié à quel point un seuil est véritablement périlleux. Seuls quelques endroits nous le rappellent : les courants transversaux dangereux d'une barre océanique, la turbulence sauvage du mur du son, la douleur et le caractère imprévisible de l'accouchement. Toutes ces transitions difficiles dans le monde naturel témoignent d'une réalité spirituelle : les seuils sont intrinsèquement risqués. Ils ne peuvent jamais être considérés comme acquis.

Et aussi, au fond, nous savons ceci, plusieurs d'entre nous bloquons sur la dernière marche. Nous n'arrivons pas à franchir la ligne entre notre nouvelle réalité et le passé – et notre propre inaptitude nous déconcerte.

Un de mes collègues est allé dans un parc d'attractions et a décidé de tenter un nouveau défi qui consiste à plonger de la plus haute plate-forme de plongée dans le parc. Il a grimpé sur la tour hyper haute jusqu'à *l'avant-dernière* marche. Hélas, il s'est retrouvé paralysé. Quoi que son cerveau communique à ses pieds, ses pieds refusaient de bouger. Ses muscles rejetaient ce qu'il se disait à lui-même, qui s'agissait juste d'une autre marche. Il n'arrivait pas à faire obéir ses jambes aux instructions de son esprit. Finalement, parce qu'il était simplement incapable de grimper jusqu'au sommet de la tour, il a plongé à partir de l'avant-dernière marche. « La différence, » dit-il alors qu'il racontait cette histoire, « entre les deux dernières marches n'était rien comparativement à la hauteur de la tour. Je n'ai jamais pu comprendre pourquoi j'ai été paralysé à ce moment-là. »

Le fait est qu'une dernière marche, comme une première, constitue un seuil. Ce n'est peut-être pas un seuil spirituel mais un seuil physique. Et le naturel nous donne toujours des indices sur ce qui se produit dans le spirituel. Très souvent nos cœurs savent ce que nos esprits n'arrivent pas à reconnaître : *que tous les seuils sont excessivement dangereux.*

Précisément comme nos ancêtres le disaient.

Bien que l'esprit de Python ne soit pas la seule sentinelle stationnée sur un seuil, c'est celle qu'on reconnaît généralement en premier, c'est un étrangleur : il essaie de nous étouffer si fortement que nous nous sentons forcés de nous plier à son programme. Son objectif est de nous bloquer pour que nous ne puissions jamais accéder à notre vocation divine.

Le mot *Python* est en fait de la même famille que l'un des mots hébreux pour seuil. Il est probable que *Python* soit directement lié à 'pethen', un ancien mot hébreu qui signifie *cobra, aspic* or *vipère*.[1] De plus, 'pethen', ce mot utilisé pour plusieurs serpents venimeux, est aussi à l'origine du terme biblique 'miphtan' – un mot qui dénote spécifiquement non seulement les seuils, mais les seuils *profanés*.[2]

Il est clair à partir de cette relation entre miphtan et pethen, que les Hébreux reconnaissaient Python comme un gardien de seuil. Alors, il se trouve que Python est explicitement mentionné seulement une fois dans les Écritures (dans la formulation grecque des Actes 16:16) ; cependant, sa présence ne doit pas être négligée chaque fois que 'miphtan' apparaît dans le texte.

De manière plus active, Python sort souvent sa tête lorsque les mots *étouffement* ou *étranglement*, *portes* ou *portails*, *ouvertures* ou *obstacles* apparaissent à des moments critique de l'histoire biblique. Plusieurs indices littéraires indiquaient que c'était le zeitgeist – l'esprit de l'âge – à l'époque des Juges. Encore plus considérablement, il fait plusieurs apparitions anonymes dans la vie de Jésus – son identité n'est révélée que par des mots distinctifs ou des descriptions qui l'identifient, liés à son comportement.

Python ne travaille pas seul. Il fait partie d'une cabale d'esprits – c'est-à-dire un groupe de discussion qui conspire ensemble pour causer la chute des plans de Dieu pour votre vie. Il est particulièrement intéressé par le seuil qui mène dans votre appel. En partie, c'est parce que c'est un chérubin déchu dont la charge originelle était de garder les points d'entrée spirituels. Les dons de Dieu étant irrévocables, il retient toujours son rôle élevé, bien qu'il l'utilise à des fins impitoyables.

Avant de regarder les raisons pour lesquelles Python est capable de garder autant de puissance, examinons son modus operandi.

La tactique principale que Python utilise est **l'étranglement**.

Les finances, le temps, la santé, l'apparence, les qualifications, la situation, la réputation, et les circonstances personnelles, la situation professionnelle, les origines ethniques, la disponibilité des ressources, le personnel ou les réseaux – Python peut restreindre notre aptitude à entrer dans notre vocation de plusieurs manières ; mais la plus évidente c'est le manque d'argent.

Lorsque l'argent est le problème, nous regardons autour de nous pour rechercher des partenariats ou des sponsors financiers. Nous cherchons une personne en qui nous pouvons avoir confiance pour nous aider à *entrer complètement* dans notre appel. Mais lorsque Python est présent, nous découvrons souvent que bien au contraire plusieurs personnes vont vouloir *rivaliser* avec nous.

Lorsqu'il s'agit des seuils, Python a le droit d'être là – et d'attaquer nos choix.

Mon frère se lançait juste dans le domaine de la conception de tuyauterie/de plomberie quand il a commencé à parler avec un ami d'une idée à lui qui révolutionnerait les pompes à eau. « J'aimerais t'aider, dit son ami. Je serai ton investisseur. »

Ils ont discuté de l'innovation et des exigences diverses nécessaires pour la construction d'un prototype. Cependant, la vie en a décidé autrement pour tous les deux. Les activités quotidiennes permettant de gagner son pain sont devenus une priorité naturelle et la disponibilité mutuelle est devenue une autre source **d'étranglement**. Néanmoins, ils se sont mis d'accord de poursuivre cette idée dès qu'ils pourraient tous les deux mettre de côté suffisamment de temps pour réellement y investir de l'effort.

Un an plus tard, ma belle-sœur regardait les finales télévisées de la compétition du jeune inventeur de l'année. Elle s'est rendu compte que la brillante idée de mon frère pour la pompe venait de gagner le premier prix. Le gagnant ? Le fils de l'ami de mon frère.

**L'étranglement** de mon frère est devenu l'opportunité de son ami.

Lorsque Python s'en mêle – et ce sera sur toujours sur un seuil – le résultat final ne peut jamais être prédit. On peut penser que le tempérament d'un ami est impeccable et qu'il est absolument irréprochable, mais, jusqu'au moment où il lève son talon pour franchir le seuil, vous ne saurez pas s'il va le lever *contre vous*. Ou non.

Parce que c'est un moment *unique*. Et il ne le sait pas non plus.

Caroline était élégante, mais elle souffrait de surpoids et elle avait un goût impeccable en matière de vêtements. Après plusieurs années dans un département du gouvernement, elle a ressenti l'appel de Dieu pour un ministère de prédication et d'enseignement. Ayant démissionné de sa carrière à long terme dans le service public et ayant sacrifié la sécurité et la pension de retraite qui venait avec, elle s'est inscrite dans un collège biblique. Pendant trois ans, elle a eu les meilleurs résultats académiques.

Vers la fin du trimestre final, elle a été invitée devant le comité d'accréditation pour un entretien. Ses attentes étaient grandes, elle espérait vivement être nommée dans une église importante. Non seulement ses espoirs ont été anéantis, mais elle a été écrasée par la conclusion désastreuse du comité : à cause de son poids, on ne lui offrirait jamais aucun poste dans cette dénomination.

*'Écrasé'* : c'est l'un des mots que les gens utilisent lorsque Python est en action. Si vous faites attention au choix de mots, vous allez bientôt commencer à détecter la présence de cet esprit.

L'histoire de Caroline met également en lumière la deuxième tactique de Python : **le silence**. Avant que Caroline ne s'inscrive, elle aurait dû être informée du fait que le poids était en obstacle à l'ordination dans cette dénomination. Mais pendant trois ans, personne n'a même suggéré que cela pouvait poser un problème. Au tout dernier moment, quand il était trop tard pour qu'elle fasse quelque chose, on lui a révélé ce critère caché dont elle n'aurait jamais pu soupçonner l'existence.

**Le silence** est aussi un aspect présent lorsque l'ami de mon frère a donné à son fils un coup de pouce pour lancer son affaire en s'appropriant l'idée de cette pompe innovative. Le silence est souvent accompagné **d'ambiguïté**.

« Vous êtes notre candidat préféré. », c'est ce que le comité de sélectionneurs d'une université importante a dit à Tom. On lui a envoyé un billet d'avion international aux frais des sélectionneurs, on l'a emmené visiter le campus pendant une semaine et on lui a offert un bureau temporaire. Il a pris part à des discussions importantes au sein du département et il a contribué des informations utiles. Il avait l'impression qu'il s'intégrait parfaitement dans l'atmosphère collégiale.

Il est rentré à la maison, convaincu qu'il avait le poste. Son épouse et lui ont donné leur préavis dans leurs emplois respectifs et ont commencé à préparer leurs enfants pour le déménagement. Entre-temps, certaines questions précises dans ses mails restaient sans réponse. Ses tentatives d'appeler et de clarifier ces problèmes étaient frustrées. Dans l'incapacité d'entrer en contact avec les personnes qu'il fallait, il commença à s'inquiéter et devint anxieux. Dès que son rendez-vous avait été validé, on lui avait assuré qu'il recevrait son contrat. Mais la date de début du nouveau trimestre approchait rapidement et cela n'avait pas été réalisé. Entre-temps, il était dans l'incertitude.

La veille de la rentrée, Tom a reçu un message sur son téléphone portable lui disant que le poste était de nouveau publié. Se remémorant les événements avec incrédulité, en réfléchissant à tout ce qui s'est passé, il s'est rendu compte que personne ne lui avait dit que le poste était le sien. On lui avait tout simplement dit qu'il était 'le candidat préféré', et que 'dès que sa nomination serait approuvée', il recevrait son contrat' – rétrospectivement, une déclaration extrêmement ambiguë qui précisait les conditions requises pour qu'il reçoive un contrat mais ne garantissait pas qu'il allait le recevoir.

Le dénouement était en opposition totale avec l'accueil expansif que Tom avait reçu, il était dévasté. « Ces deux dernières semaines de silence complet, dit-il, étaient comme une lente strangulation. »

*'Lente strangulation'* : encore une fois, ce langage reflète une connaissance instinctive de la dynamique spirituelle en action. *Strangulation* est un bon mot à associer avec une entité comme Python qui étrangle et qui serre.

*'Inquiétude'* en est un autre. ' Le mot *'Worry'* (inquiétude en anglais) vient en effet du mot allemand pour *'étrangler'*.

**L'ambiguïté** est, du fait de sa nature, très difficile à discerner. Lorsque l'autre personne formule sa réponse pour qu'elle ait un double sens potentiel – juste au cas où ce serait nécessaire – c'est de la déception. Les avocats les ont sans doute formés à l'utilisation de mots subtils et évasifs qui ne pourront pas les condamner plus tard. Mais le fait est que toute personne qui pratique **l'ambiguïté** régulièrement perdra la confiance de sa famille, des amis, des collègues et des clients très rapidement.

Nous sauvons nos peaux d'une manière, mais nous perdons une chose plus importante : notre réputation.

Il y a une méthode pour discerner **l'ambiguïté** sous la forme d'une ruse délibérée. C'est une possibilité distincte lorsque les mots *identiques* sont répétés dans plusieurs conversations. Bon nombre d'entre nous ne sont ni avocats ni experts, ayant l'intention d'utiliser des mots précis, donc dans notre conversation nous avons tendance à être plutôt imprécis dans notre terminologie. Et aussi étrange que cela puisse paraître, la vérité peut généralement être exprimée en utilisant une variété de formules et de mots.

Mais **l'ambiguïté** non. Être ambigu ce n'est pas tant essayer de dire la vérité, c'est plutôt essayer de *ne pas dire ce qui est faux*. Des formules précises sont nécessaires pour arriver à effectuer ce genre de déception subtile : donc la formulation aura tendance à être exactement la même chaque fois.

Les gens n'ont généralement pas besoin de surveiller leurs mots lorsqu'ils disent la vérité. Mais ils doivent faire très attention lorsqu'ils essayent d'être ambigus.

La tactique du **silence** utilisée par Python est très efficace. Les gens les utilisent pour éviter les conflits pendant que, dans certains cas, ils réfléchissent à leur position. Mais c'est le même manque de transparence qui va briser la relation s'ils décident d'agir *en leur faveur*, et *contre* les autres.

Le silence, lorsqu'il est utilisé comme stratagème, se résume à garder certaines informations secrètes qui devraient être partagées. Ce stratagème ignore les paroles de Jésus : *Faites pour les autres tout ce que vous voulez qu'ils fassent pour vous.* (Mathieu 7:12, BFC) C'est le fait de ne pas dire certaines choses qui devient plus destructeur chaque fois que ces choses ne sont pas dites.

Mais il y a un autre stratagème associé à celui-là. Parfois les deux sont utilisés l'un en conjonction avec l'autre. Le deuxième stratagème consiste à réduire les autres au silence.

Réduire les personnes au silence c'est une tactique de choc, un électrochoc en quelque sorte. Le silence est brisé à la vitesse de la lumière ou en utilisant des mots tellement étonnants, inattendus, que les personnes qui les reçoivent sont stupéfaites. Elles ne savent pas quoi dire. Elles n'en croient pas leurs oreilles, étourdies par ce coup porté par la surprise. Donc elles restent silencieuses. Pas parce qu'elles veulent le rester – parce qu'elles n'ont absolument aucune idée comment répondre de manière aimante, sincère.

Ça peut prendre des heures ou des jours pour formuler la bonne réponse. Et à ce moment-là, on a souvent l'impression qu'il est trop tard. *L'esprit d'escalier*[3] est un terme français utilisé pour qualifier cette situation difficile qui consiste à penser à la réponse parfaite trop tard.

Plusieurs personnes décident que le bon moment pour dire les bonnes choses est passé depuis longtemps – alors elles décident de ne jamais rien dire. Elles ont été réduites au silence.

Caroline a été réduite au silence. Elle ne savait pas quoi dire ni quoi faire. Des années plus tard, elle alla rechercher la guérison par la prière lorsque la douleur refusait simplement de disparaître.

Garder le **silence** et **réduire les gens au silence** sont des tactiques que Python utilise pour détruire les vies. Pour les personnes qui maintiennent le silence ou qui réduisent les autres au silence, c'est un léger écart dans leur paysage mental car elles continuent leur vie. Cependant à partir de ce moment-là, elles s'installent dans une situation qui causera une chute importante plus tard – Python est peut-être leur allié temporairement, mais elles se sont fait mariner dans une sauce pour être servies comme repas à l'esprit de contrecoup et de vengeance, Léviathan.

Cependant, le problème le plus complexe autour du silence affecte le spectateur. La personne qui n'est pas chargée de prendre la décision mais qui a des informations privilégiées. L'observateur qui connaît la personne chargée de prendre les décisions garde le silence à propos de ses objectifs.

Python veut que ces observateurs soient sur place. Il les tente pour qu'ils gardent également le silence. La tentation est subtile et peut prendre plusieurs formes. Python rassure l'observateur du fait que le silence n'est pas un mensonge ; il dira que le fait de parler pourrait dévoiler une confidence et s'avérer être une trahison ; il nous rappellera qu'il est possible de ruiner une réputation inutilement et qu'en fait, briser le silence n'est pas notre responsabilité ; il plantera dans nos esprits l'idée séduisante que le pardon et le silence sont souvent la même chose.

C'est un piège encore plus insidieux. Il est souvent truqué et il semble être une double contrainte, pour que quel que soit le choix que les observateurs font, quelqu'un soit inévitablement trahi. Quoiqu'on fasse, on sera complice avec Python. Ça peut sembler être une évaluation dure mais en réalité, si notre silence met une autre personne en danger ou sur le chemin de la tentation, nous risquons d'être en train d'assister des esprits impurs sur le seuil de la chute d'une autre personne.

Et dans ce cas-là, les observateurs doivent se repentir, tout comme les personnes qui sont activement impliquées, et qui ne se contentent pas d'observer.

Jusqu'au moment où Caroline est arrivée, la question de 'l'apparence convenable' n'avait probablement jamais traversé l'esprit du conseil d'accréditation. Mais Python en a fait un problème.

Jusqu'au moment où mon frère a révélé son idée pour une pompe au design innovant, son ami n'avait probablement jamais envisagé de favoriser son fils en trahissant une autre personne. Mais Python en a fait une possibilité.

Python a présenté un nouveau choix jusqu'alors inconsidéré – un choix qui était probablement inconcevable par le passé : sacrifier une amitié dans le but d'obtenir une place dans le monde des affaires.

Dans cette histoire, il est important de noter qu'il y a plus d'un seuil. L'un de ces seuils était pour mon frère, et l'autre pour le fils de son ami : ils étaient tous les deux au début de leurs carrières. Ce que l'ami de mon frère n'aurait certainement jamais fait pour lui-même, non seulement il a été tenté de le faire pour son fils – il a effectivement succombé à la tentation.

Lorsque Python est actif, il nous piège et nous amène à faire pour les personnes que nous aimons, ces choses que nous ne ferions jamais pour nous-mêmes. Et nous restons silencieux, alors que nous commençons à faire un exercice mental pour justifier et cacher nos actions.

Mais lorsque nous sommes la cible du **silence**, nous sommes saisis par un sentiment grandissant d'angoisse, qui aboutit à un sentiment de trahison. En fait, le piège du **silence** de Python tente souvent les gens qui en sont les victimes, les amenant à succomber à sa troisième tactique : **la divination**.

Après avoir mis un post sur Facebook à propos des méthodes de Python et son utilisation du **silence**, une femme que je n'avais jamais rencontrée m'a contacté pour me demander de prier pour elle. Elle s'était disputée avec son fiancé dans les jours qui précédaient et il a pris la porte. Elle a essayé de lui passer un coup de fil, de lui envoyer un message et un mail mais il est resté silencieux.

Elle s'est sentie comme si son cœur était fortement serré par un boa constrictor. Mais mon post sur Facebook à propos de l'esprit de Python l'a profondément touchée.

J'ai répondu à son message, « Oui, on dirait Python. Et si vraiment c'est le cas, il se pourrait que vous soyez tentée de recourir à la divination. Lorsque vous ne savez pas trop ce qu'il faut faire, et que Dieu semble être silencieux, vous pourriez être tentée de vous tourner vers la voyance. Même si c'est aussi simple qu'ouvrir votre Bible et planter votre doigt dedans au hasard pour voir si le verset sur lequel vous tombez vous oriente. »

Elle était tellement reconnaissante. « Quelques minutes avant de recevoir votre message, j'ai recherché le numéro de téléphone d'un voyant, » écrivit-elle. « Je sais que cela semble terrible pour une chrétienne, mais je suis tellement désespérée. »

Elle a ensuite témoigné du fait que la **divination** était une tentation régulière : 'je l'ai fait – j'ai demandé au Seigneur de révéler la vérité et j'ai ouvert la Bible par hasard. Je comprends bien que c'est la pensée magique. Il est toutefois intéressant de noter que c'est exactement cet acte – mon chagrin désespéré et mon attente d'une réponse ; en fait, j'ai envisagé de consulter un médium, mais j'ai plutôt dépoussiéré ma Bible – qui m'a ramenée vers Dieu. Le verset sur lequel mes yeux se sont arrêtés était très très spécifique dans sa description des dangers de la divination et il avertissait les chrétiens qu'il faut garder ses distances. J'utilise uniquement cette méthode du verset trouvé par hasard lorsque je me sens conduite à le faire et je demande toujours à Dieu de prendre la direction de toutes choses. Mais je vais me repentir et je ne le ferai plus jamais, c'est certain... et je serai reconnaissante du fait que Dieu m'a gardé en sécurité durant toutes ces années.'

La **divination** est une contrefaçon de la prophétie.

La différence entre les deux n'est pas toujours évidente parce que les deux dons proclament des événements futurs. La **divination** consiste à tenter de prédire des événements futurs ou découvrir des connaissances cachées par des moyens occultes ou surnaturels. Python est la source de sa puissance alors que c'est Dieu qui est la source de la puissance de la prophétie.

En fait, la **divination** est tellement indissociable de la nature de cet esprit que plusieurs traductions du passage dans Actes 16:16 ne mentionnent même pas le nom de Python. Ils choisissent plutôt de décrire l'une de ses fonctions et l'appellent 'l'esprit de divination'. Ce refus d'indiquer son nom n'aurait pas fait une grande différence pour les grecs anciens qui l'auraient de toutes les façons immédiatement identifié parce qu'ils comprenaient que la **divination** était un don de Python Apollon. Ce dieu présidait l'oracle de Delphes – là où la fameuse Sybille, qui était probablement l'oracle le plus célèbre de l'antiquité, pratiquait la divination et la voyance.

Alors Python veut nous tenter et nous pousser à la **divination**. Il veut particulièrement tenter toutes les personnes appelées à l'office de prophète à accéder à cette arène impie. La raison d'être de la **divination** est de connaître l'avenir et grâce à cette prescience, de faire des choix dans le présent avec diligence. La **divination** consiste à acquérir des connaissances pour se positionner de manière à tirer le meilleur parti possible au fur et à mesure que l'avenir se précise.

La prophétie, elle, n'est qu'accessoirement portée sur l'avenir. Pour le prophète, l'avenir n'est pas immuablement fixé. Le prophète peut façonner l'avenir. Pour les Hébreux, la prophétie est centrée sur la compréhension des motifs – il s'agit de dire à l'avance, et non de prédire. C'est déclarer l'avenir sur la base de la connaissance de Dieu et de Sa Parole.

Lorsqu'on dit qu'un prophète peut 'façonner l'avenir', c'est plus subtil que la simple puissance d'une parole prophétique qui se réalise. Il s'agit de reconnaître le motif, se rendre compte de la manière dont le motif précis se manifestera dans la vie personnelle, corporative ou nationale, puis venir devant Dieu et Son conseil pour négocier avec Lui en faveur des autres. C'est la raison pour laquelle tant de prophéties dans les Écritures sont des appels à la repentance. Un prophète peut 'façonner l'avenir' en attirant l'attention sur la nécessité de changer, et si le changement se produit – comme cela s'est produit, par exemple, lorsque Jonas a prêché à Ninive – alors Dieu annulera la destruction qu'Il avait prévue.

Ou alors, s'Il ne le fait pas, dans Sa miséricorde Il pourrait modifier son timing. Jésus parle à Ses disciples du jour du jugement et Il dit : *'Priez pour que votre fuite n'arrive pas en hiver, ni un jour de sabbat.'* (Matthieu 24:20 LSG) Le Jour est fixé – dans le sens où Dieu l'a décrété et il se produira assurément – Il ne sera pas persuadé par un Abraham, Moïse ou Amos. Cependant sa date n'est pas arrêtée de manière définitive. Les croyants qui prient peuvent influencer son timing.

La repentance peut retarder le Jour – comme cela a si souvent été le cas dans l'histoire du peuple d'Israël. Salomon, Ézéchias et (peut-être étonnamment) Achab, se sont tous repentis, et Dieu a retardé Son jugement et Sa justice suite à cela.

Mais la repentance n'est pas mentionnée lorsqu'il est question de la **divination**. L'avenir est fixé et non négociable.

En hébreu, tout comme en grec, la **divination** est liée à un serpent. Le terme hébreu 'nachash', *pratiquer la divination*, est le même mot que 'nachash', *serpent*.

Cette confusion entre la **divination** et la prophétie a induit en erreur plusieurs croyants, les amenant à franchir la ligne qui sépare la foi et la magie. Mais la solution est simple : venir devant Dieu et se repentir.

Plusieurs personnes disent qu'on n'a pas besoin de connaître le nom d'un esprit pour s'en défaire. D'autres sont persuadées du contraire : elles disent qu'il faut exiger de connaître son nom. Certains ministres de l'Évangile vont encore plus loin : ils insistent que l'esprit doit se manifester d'une manière ou d'une autre.

Alors si l'esprit se manifeste spontanément, c'est une chose. Cependant, personnellement, je pense qu'un tel ordre n'est pas nécessaire et est souvent dangereux. De plus, selon la formule utilisée et l'attitude, il risque d'enfreindre une injonction biblique pour obéir à cet ordre.

Pour ce qui est de connaître son nom, je préfère le connaître, non pour avoir du pouvoir sur lui—l'une des plus graves erreurs et tentations auxquelles nous puissions succomber – mais pour que ses motifs ultérieurs puissent être discernés.

Si le langage utilisé indique la présence de Python – lorsque des mots comme *compressé, écrasé, étouffé, pressurisé, broyé, serré, étranglé, resserré, suffoqué* et *ralenti* sont utilisés – alors il est possible de prévenir les victimes de ses tactiques. Le fait de savoir qu'il y aura une tentation de recourir à la divination à cause de son silence, l'incertitude et l'ambiguïté, nous aidera à résister à cette tentation particulière. Juste le fait de savoir qu'il s'agit de Python et pas de Léviathan, par exemple, nous informe que la prochaine pièce dans le processus d'étranglement sera probablement l'intimidation ou la séduction et c'est extrêmement utile.

Pouvoir reconnaître une tactique pour ce qu'elle est, c'est souvent ce qui nous permet de tenir ferme dans notre résistance au programme démoniaque de Python. Nous pouvons prier par rapport aux tactiques avant même qu'elles ne se produisent. Nous pouvons déjà nous positionner de manière à invoquer Dieu pour qu'Il nous aide dès qu'une stratégie spécifique de cette entité devient évidente.

Python est un des chérubins déchus. Ce que cela signifie c'est que lorsque nous approchons un seuil, il a le droit de tester notre *droiture/justice*. Rachab, l'esprit de gaspillage, est un autre chérubin déchu et lui aussi teste notre *droiture/justice*. Léviathan, en revanche, est un séraphin et il s'intéresse à quelque chose qui est complètement différent.

Alors, à l'époque, aux portes d'Eden, Dieu plaça des chérubins et les arma d'épées flamboyantes pour empêcher les injustes d'entrer dans le jardin. C'est donc là le nœud du problème, puisque nous rencontrons Python pendant que nous essayons de traverser le seuil vers notre vocation : *'Il n'y a point de juste, Pas même un seul.'* (Romains 3:10 LSG)

Python laisse uniquement passer les justes. Mais aucun d'entre nous ne l'est.

Tout n'est pas perdu à ce stade. Python permettra que la foi soit comptée à justice (en accord avec la Parole de Dieu, comme par exemple dans Genèse 15:6). Cependant, il fera tout ce qui est en son pouvoir pour que cette foi échoue.

Tout.

Tout le monde ne tombe pas dans le piège de **divination** de Python. Cependant, il a une quatrième tactique pour réduire votre foi : **l'intimidation**.

Contraintes, menaces, harcèlement. Terreur, si nécessaire. Autant de contraintes que nécessaire. Le but de toute agression brutale est de vous amener à douter de vous-même et votre vocation et vous amener à vous demander si vous pouvez faire confiance à Dieu.

Ce type de contrainte n'a pas à être extrême pour réaliser son objectif.

Jan avait travaillé avec des jeunes sans-abris, utilisant son don pour le théâtre pour perfectionner une production théâtrale qui incluait une présentation de l'évangile. Avec l'aide de son mari, elle amena le spectacle en tournée régionale. La fin du spectacle fut un passage remarquable célébré lors de cette soirée dans leur église avec plus de mille personnes dans la salle.

Ils furent ravis de voir à quel point les enfants qui étaient mentorés s'étaient développés. Le lendemain du spectacle on leur demanda de rencontrer le pasteur principal de l'église. Jan était encore surexcitée après l'excitation de la soirée précédente et elle pensait que le pasteur allait parler d'une mise en service pour les œuvres de l'église. Elle pensait qu'il avait l'intention de bénir leurs efforts envers les enfants de la rue et parler d'opportunités d'élargir le rayonnement de ces efforts.

Bien au contraire, à leur incrédulité et consternation, il leur demanda d'abandonner leur troupe de théâtre complètement. En outre, il demanda que tout le travail avec les enfants soit arrêté. Il voulait que Jan et son époux consacrent tout leur temps à superviser l'école du dimanche.

Choqués mais obéissants, ils sacrifièrent ce qu'ils pensaient être leur véritable vocation – juste au moment où ils croyaient qu'ils y accédaient enfin.

Comme ils le dirent plus tard, ils ne pensaient pas qu'ils avaient le choix. Ils croyaient en l'importance d'honorer l'autorité, et leur soumission devint le point de pression de Python.

On voit des techniques de pression et d'intimidation de plus haute intensité dans les Écritures lorsque Moïse envoie douze espions dans la Terre Promise. Lors de cette étape importante de traversée de seuil, ils rencontrèrent trois géants – les fils d'Anak – et dix d'entre eux furent tellement effrayés qu'ils oublièrent le Dieu qui avait combattu pour eux contre Pharaon et ses armées.

Python est plus que disposé à appeler ses alliés spirituels s'il sent qu'il est en train de perdre. Il peut demander de l'aide à Léviathan, l'esprit de représailles, ou à Rachab, l'esprit de gaspillage et de perte. Cependant, le plus souvent, il invite l'équivalent des trois géants redoutables qui apportent avec eux le doute : les fils d'Anak qui ont tant intimidé les dix espions alors qu'ils exploraient la Terre Promise.

Le nom Anak est révélateur : il signifie *celui qui suffoque, celui qui étrangle, celui qui étouffe*. Oui, la puissance de certains géants était certainement celle de Python.

La tactique de l'intimidation fonctionne généralement bien contre nous. Elle a certainement été très efficace contre les Israélites – tellement efficace qu'ils ont passé 38 ans de plus dans le désert.

Et ensuite, ils sont revenus sur le seuil de la Terre Promise, et ils ont dû affronter Python une fois de plus. Cette fois-ci c'est sous la forme de Baal Peor, *le Dieu de l'ouverture*.

Avec la venue de Baal Peor, l'esprit de Python dévoile sa tactique numéro cinq : **la séduction**.

Le sexe peut être utilisé pour attirer les victimes. Mais cela n'est pas nécessaire. Le pouvoir, le prestige et la situation peuvent être recouverts d'un revêtement prestigieux pour produire l'effet d'un objet de désir pratiquement irrésistible. Et si ces choses ne vous intéressent pas, peut-être serez-vous attiré par l'amour, l'intimité, la sécurité. Ou simplement quelqu'un pour éviter la solitude.

Alors les Israélites étaient presque arrivés à la fin de leurs déambulations lorsque Python se faufila sur le seuil pour la deuxième fois. Presque toute une génération d'hommes avait péri – seuls Caleb et Josué avaient survécu à la génération qui avait voté pour Python et non pour Dieu la dernière fois qu'ils se trouvaient sur le seuil de la Terre Promise. Cette nouvelle génération avait appris à faire confiance et à s'appuyer sur Dieu pour leur survie pendant pratiquement quatre décennies, donc la tactique **d'intimidation** n'était plus une option réaliste.

Il était temps pour Python de déballer une tactique différente. Arrivant sur la rive occidentale du Jourdain, le peuple s'installa dans la Vallée des Acacias. Ce n'était peut-être pas le choix le plus sage – c'était l'ancien site des villes de la plaine – Sodome, Gomorrhe et leurs villes satellites. Ils auraient vraiment dû se rendre compte que ce n'était pas une bonne idée de camper sur cette terre souillée depuis si longtemps. Le mot hébreu désignant l'*acacia* est associé à *se détourner*. C'était cela le message communiqué par la vallée : *allez ailleurs*.

Mais ils ne l'ont pas fait. Et, disposés en groupes organisés par unités tribales, ils étaient placés de manière idéale pour être observés par le roi de Moab et sa cour. Et aux côtés du roi se trouvait Balaam, le devin de Pethor.

'Pethor' est lié à 'pethen', *python*. Pethor est traduit tantôt par *ouverture, annonces prophétiques* ou *interpréter les rêves*[4] et ce lieu a longtemps été considéré comme le site d'un temple oraculaire. Pendant des siècles, il était synonyme de Petra, la ville jordanienne. Cependant, cette idée a été contestée ces dernières années.

La réputation de voyant de Balaam transcendait les frontières. Superstar du monde antique, il fut recruté par le roi Balak pour maudire le peuple d'Israël. Alors qu'il était en chemin pour accomplir cette tâche, il fut presque tué par un ange muni d'une épée et fut sauvé par son âne à l'esprit vif. Paradoxalement, l'âne s'avéra être un visionnaire oraculaire surpassant Balaam.

Il lui fallut du temps, mais Balaam finit par comprendre le message de Dieu, qu'il n'avait pas la permission de maudire le peuple juif. Son employeur, le roi Balak, n'était pas du tout impressionné lorsque Balaam prononça des prophéties de prospérité pour Israël, non pas une fois, mais trois fois de suite. Balak était si peu impressionné, que si Balaam n'avait pas été un devin dont la fonction lui conférait un statut sacré, il aurait certainement connu une fin désagréable sur le champ. Cela finit par lui arriver, mais pas sur ordre de Balak.

Après avoir offert des sacrifices à Baal Péor tout en observant les tribus massées d'Israël, sans arriver à les maudire, Balaam disparut du premier plan de la narration dans le livre des Nombres. Plus tard, il s'avéra que, pour recevoir son salaire du roi de Moab, il conseilla à Balak d'entraîner les Israélites dans l'idolâtrie pour que la protection de Dieu leur soit retirée.

C'est cela l'objectif de la **séduction**. Vous attirer hors de la protection de Dieu. Vous détourner de l'abri qu'offre la couverture de Dieu. Vous exposer aux flèches enflammées de l'ennemi.

Il n'est pas surprenant de constater que les mots hébreux pour *séduction, incitation* et *leurre* et les notions associées à ces termes, comme *s'exposer à la séduction* sont tous des parents proches de 'pethen', *python*. Ceci s'applique aussi, entre autres, *à tordre/serpenter, sinueux/enrouler, devinette/énigme, simulacre/faux-semblant, excuse, soudain,* et *surprise* ainsi que *mèche et graver*. Il suffit de réfléchir quelques minutes à ces termes pour se rendre compte à quel point ils correspondent aux activités de Python. *Graver* est compliqué à comprendre si l'on n'est pas conscient que la pierre de seuil est gravée. Il peut sembler difficile de comprendre la présence du mot *mèche* si l'on ne sait pas qu'il s'agit d'un fil tordu ; en effet, le mot anglais *wicked*, vient de cette notion de torsion.

Lorsque Balaam comprit clairement que Dieu ne romprait jamais Son alliance avec Son peuple, la seule option qu'il lui restait était de les amener à rompre leur alliance avec Lui.

La raison en est simple. Les alliances impliquent automatiquement des malédictions pour ceux qui les rompent – et si Dieu intervenait pour arrêter ces malédictions particulières, Il violerait Sa propre Parole. S'Il est réellement le Dieu de Vérité, Il doit respecter Ses vœux. Et parce que ces vœux incluent des malédictions pour la violation d'alliance, Sa protection devrait également être ôtée, si les Israélites violaient *leurs* vœux.

Notre ignorance des Écritures permet à Python de manipuler plusieurs idées modernes sur la grâce. Inconscients, crédules, nous commettons l'erreur de nous attendre à ce que Dieu aille contre Sa propre Parole.

Cette tactique particulière de Python connut un franc succès. Certaines princesses locales furent envoyées pour séduire les Israélites et il ne fallut pas longtemps pour que plusieurs hommes se livrent à la prostitution rituelle. L'objectif de ce type de prostitution est de 'devenir un' avec la divinité – dans ce cas précis la divinité était l'alter ego de Python, Baal Péor, *le dieu de l'ouverture*.

Alors le but des alliances est en fait de 'devenir un'. Par conséquent, la prostitution rituelle est une contrefaçon d'une alliance. Par conséquent, la prostitution rituelle est une contrefaçon d'une alliance. En 'devenant un' avec Baal Péor, les Israélites ont abandonné la protection de l'alliance de Yahweh dont ils bénéficiaient.

Ils ont 'trébuché', ils sont 'tombés', ils ont 'heurté leur pied sur la pierre du seuil'. Apocalypse 2:14 LSG décrit explicitement un péché parallèle : *'c'est que tu as là des gens attachés à la doctrine de Balaam, qui... mettre une pierre d'achoppement devant les fils d'Israël...'*

L'erreur de Balaam est mentionnée dans Jude 1:11, *'...ils se sont jetés pour un salaire dans l'égarement de Balaam,'* et 2 Pierre 2:15ii, *'Après avoir quitté le droit chemin, ils se sont égarés en suivant la voie de Balaam.'* Dans tous les cas, le but est d'inciter les chrétiens à abandonner la couverture de la protection de Dieu pour qu'ils soient brisés – pas seulement parce qu'un être spirituel de haut rang les a attaqués mais parce qu'ils ont ignoré les conséquences clairement mentionnées dans la Parole de Dieu.

Jude et Pierre ont tous les deux soulignés ce qui se produira si on déshonore les esprits comme Python – cependant plusieurs croyants tentent d'utiliser la couverture du sang de Jésus pour neutraliser ces Écritures. En réalité c'est de la magie : utiliser le dessein de Dieu pour la rédemption dans une tentative intentionnelle d'annuler la Parole de Dieu. Et bien-sûr, l'utilisation de la magie approfondit simplement notre opposition envers Dieu.

**La séduction** ouvre la voie pour la tactique numéro six. En fait, ce n'est pas tant une tactique qu'une conséquence : **maladie** incapacitante, maladie chronique, fléau.

Le mot hébreu pour *fléau*, 'maggephah', vient de 'nagaph', *heurter*. Il est systématiquement utilisé pour décrire l'action de rejeter une alliance en frappant son pied contre une pierre.

L'acte qui consiste à heurter la pierre du seuil indique un refus d'accepter l'alliance qui a été offerte. Les fléaux ont frappé parce que, en rompant l'alliance avec Dieu, le peuple a perdu Sa protection basée sur cette alliance. En fait, Dieu a dit, 'Débrouillez-vous tous seuls maintenant. Vous avez choisi Baal Péor, vous avez voté pour Python avec vos pieds, qu'il vous protège donc.'

Ce n'est pas tant que Dieu a envoyé le fléau qui a ravagé le peuple, il est plus exact de dire qu'Il a retiré le gardien qui le tenait à distance.

Le but ultime de Python est de vous amener à un point où la protection de Dieu est retirée.

Rick terminait juste ses études universitaires supérieures, lorsqu'on lui offrit son poste de rêve. Il fut invité à entrer en partenariat avec une jeune start-up située dans un autre pays. Il était absolument ravi parce qu'il savait que c'était une opportunité accordée par Dieu. Il avait été mentoré par son partenaire potentiel, et il savait qu'ils formeraient une équipe imbattable.

Bien entendu, il y avait un sacrifice à faire – cela va sans dire. Toutefois, Rick était prêt à payer le prix : il devrait aller vivre à l'étranger.

Il vendit tout. Son appartement, sa voiture et son camion. Il donna ses meubles, sa télévision et sa chaîne stéréo, son réfrigérateur et même ses cartons de livres.

Il était déterminé à faire table rase. Une nouvelle vie, un nouveau départ.

Abandonnant le semestre final de ses études universitaires supérieures, il donna son préavis à son lieu de travail et rejeta trois offres d'emploi alléchantes durant le mois qui suivit.

Son enthousiasme augmentait. La veille de la date à laquelle il devait partir, il célébra l'occasion en invitant tous ses amis à un dîner d'adieu.

Ils étaient en plein discours mutuellement flatteurs lorsque son téléphone sonna. Il prit un peu de temps pour regarder le message. Il avait été envoyé par son nouveau partenaire. Ne viens pas,' disait le message. 'J'ai décidé de travailler seul.'

Rick vomit.

Son univers était réduit en miettes. Il avait été remplacé à son lieu de travail, aucune des trois offres d'emploi qu'il avait reçues n'étaient plus disponibles, ses qualifications n'étaient pas adéquates pour d'autres emplois puisqu'il avait choisi d'abandonner ses études universitaires supérieures. Il tenta de remplacer ce qu'il avait vendu ou donné et cela réduisit fortement ses économies et six mois plus tard, il avait des problèmes graves. Le pire était que sa relation avec Dieu était en lambeaux.

Qu'en était-il de toutes ces promesses personnelles que Dieu lui avaient faites ?

L'objectif ultime de Python est atteint s'il arrive à vous amener à poser cette question sans pouvoir y répondre. Ferez-vous entièrement confiance à Dieu la prochaine fois que vous approcherez un seuil ?

Il est presque certain que non.

Keith Butler raconte cette histoire :

'J'ai été renvoyé d'un seul emploi durant toute ma carrière laïque, et ce n'était pas de ma faute. Cet emploi était un emploi syndiqué dans lequel après avoir travaillé pendant 90 jours, on devient membre et on ne peut pas être renvoyé. Mais on peut vous renvoyer à tout moment de votre premier jour à votre 89ème jour de travail.

Lors de ma première évaluation de performance, j'ai reçu une bonne évaluation. Lors de l'évaluation suivante, j'ai obtenu une promotion. Ensuite sur la base de cette évaluation, on m'a accordé le transfert que j'ai demandé, avec un meilleur emploi et le salaire plus élevé qui venait avec.

Ensuite, le patron régional, qui était habilité à outrepasser tout le personnel de direction dans mon bureau me renvoya le 89ème jour ! Souvenez-vous, je serais devenu un membre du syndicat dès le lendemain. Je venais tout juste d'avoir une promotion et je n'avais reçu que des évaluations de performance élogieuses.'[5]

La suite de l'histoire montre que Dieu fait concourir toutes choses au bien de Ses enfants. Mais permettez-moi de dire que cette situation est fortement empreinte de la patte de Python : la frappe éclair à la dernière minute. Tout comme dans l'histoire de Rick, Python attend trop souvent jusqu'à la toute dernière minute – quand vous êtes sur le point de réussir et que vous vous y attendez le moins – pour infliger un maximum de dégâts avec une frappe d'éclair.

En fait, cette tactique est tellement une particularité de Python que j'ai passé du temps en prière d'intercession avec des personnes, leur demandant à maintes reprises de me parler de l'importance du jour en question ou du jour suivant l'attaque. Parfois, ce n'est qu'en insistant de manière inflexible qu'elles se creusent les méninges et fassent tout pour s'en souvenir, que nous arrivons à découvrir le seuil qu'elles étaient sur le point de traverser lorsque l'attaque s'est produite.

Généralement c'est le tout dernier jour que Python choisit pour frapper.[6] Si vous aviez plus de temps, vous pourriez vous ressaisir et vous remettre de votre état de désarroi et de choc mais vous n'en avez pas le temps. Et cela vous mène — inévitablement à dire 'si seulement'.

**Étranglement.**

**Silence. Ambiguïté.**

**Divination.**

**Intimidation.**

**Séduction.**

**Maladie.**

À cette maladie, Python ajoute aussi un élément supplémentaire : **le tourment**.

'Si seulement ' : *si seulement* le patron me donnait un peu de répit ; *si seulement* j'avais épousé quelqu'un d'autre ; *si seulement* mes amis pouvaient me prêter de l'argent ; *si seulement... si seulement*.

'Et si' : *et si* j'avais eu les opportunités que mes parents ont eu ; *et si* j'avais eu plus d'amis bien placés ; *et si* j'avais eu une meilleure éducation ; *et si... et si*.

Le mot 'si' est un mot qui invite Python dans n'importe quelle situation. Supposant, bien-sûr, que le mot n'est pas encore présent. Et 'si' ne peut pas toujours être évité. Ce mot n'est pas censé être un symbole du **tourment**, mais lorsqu'on est dans cet espace mental, on s'est détourné de Dieu. On n'a plus l'assurance que Ses plans pour nous sont bons ; nous ne croyons plus qu'Il tient notre avenir en sécurité entre Ses mains.

En ce qui concerne Rick, Python n'a pas eu besoin d'aller plus loin que sa deuxième tactique, le **silence**, avant d'être prêt à frapper. Son exemple illustre également ce que toutes les situations avec Python impliquent : l'exigence d'un **sacrifice**.

C'est cette conscience viscérale instinctive du fait que chaque seuil exige un sacrifice qui a incité mon collègue à se figer à l'avant-dernière étape. Cette conscience de cette exigence d'un sacrifice qui a poussé Caroline à se détourner de son rêve d'ordination, au lieu de se battre contre le système ; Jan et son mari à abandonner leur travail avec les enfants de la rue et s'aligner avec la requête de leur pasteur ; Rick à donner ce qu'il n'arrivait pas à vendre.

Ma mère a aperçu un poste d'hôtesse chargée de l'accueil des nouveaux résidents qui s'installent dans notre banlieue. Nous venions tout juste d'aménager dans un autre quartier, plus proche du lieu de service de mon père. La banlieue à l'époque se limitait à quelques rues et maisons – mais elle était en pleine expansion.

Lorsqu'elle se renseigna, elle découvrit que l'emploi consistait à livrer des corbeilles de cadeaux et à fournir aux nouveaux arrivants des informations sur les commodités et les services locaux. Cela convenait parfaitement à ses aptitudes, ses talents et sa personnalité.

Elle postula donc. C'était un entretien au processus long et complexe, avec un test de QI, une période de formation. Elle franchit ces étapes avec brio. En fait, elle dira plus tard qu'en voyant les résultats de ses tests, elle avait réalisé pour la première fois qu'elle était véritablement intelligente.

Mais, au bout du compte, elle n'accepta pas le poste. La veille du jour où elle devait aller à la rencontre de la communauté avec sa première corbeille d'accueil, elle démissionna.

Il y avait un aspect du poste qu'elle n'a découvert que le dernier jour. Le poste était partiellement financé par une compagnie d'assurance qui exigeait des rapports évaluant la prospérité des nouveaux arrivants en observant les biens en leur possession. Ma maman était gênée par le fait qu'on lui demandait d'être une espionne et, de plus, de sacrifier son intégrité.

Le moment a été choisi, bien-sûr, pour essayer de garantir qu'elle n'ait pas le temps d'examiner ses options, et elle ne pouvait pas faire marche arrière. Si vous relisez l'histoire de mon frère ou celle de Tom, Jan, Rick ou Caroline, vous retrouverez le même aspect : l'exigence d'un sacrifice ou la révélation que vous êtes le sacrifice est chronométrée pour causer un maximum de dégâts sur le plan financier, mental, émotionnel ou spirituel – et parfois sur les trois plans.

Une fois que vous êtes engagée au-delà du point de non-retour, Python est capable de semer un chaos incontrôlé. Et son travail est fait.

Paul de Tarse écrit : *afin que Satan n'ait pas le dessus sur nous : car nous n'ignorons pas ses machinations.* (2 Corinthiens 2:11 Martin)

Malheureusement – contrairement à Paul – nous *ignorons* les intentions de l'ennemi. Et c'est très dangereux. Nous ne voyons pas la stratégie globale de Python. Ce n'est pas simplement un esprit d'étranglement ou de divination. Nous devons donc comprendre les méthodes qu'il utilise le plus fréquemment contre nous. Il est important de comprendre son plan global ainsi que les moindres détails du processus.

Parce que même quand nous sommes en train de le vaincre, Python ne part pas sans laisser de traces. Il laisse derrière lui une corruption finale écœurante dans le but de nous souiller une dernière fois. Il peut susciter une **jalousie** fétide. Nous pouvons devenir inexplicablement jaloux des autres ; ou les autres peuvent devenir inexplicablement jaloux de nous.

Il n'est pas nécessaire de rencontrer tous ces problèmes pour identifier Python comme étant la source de nos problèmes. Le fait est que la plupart d'entre nous abandonnent ou cèdent à la pression bien avant la moitié de sa campagne. L'objectif de Python est atteint lorsqu'il réussit à nous forcer à choisir entre deux choses : soit rebrousser chemin et nous détourner complètement du seuil, soit faire le sacrifice qu'il exige.

Il préfère nous voir faire un sacrifice plutôt que de nous voir nous retirer. Parce que si nous faisons un sacrifice, nous lui vouons un culte. Nous commençons également avec lui pour obtenir le privilège d'accéder à l'embrasure de la porte qui mène à notre appel, notre vocation. Ceci créé une dynamique spirituelle beaucoup plus toxique – au lieu de combattre Python de toutes nos forces, nous aurons alors rejoint son camp. Par ce sacrifice, nous aurons prêté allégeance au royaume des ténèbres.

Comment est-ce possible ? Le commerce est, en réalité, une contrefaçon d'une alliance. Donc lorsque nous offrons un sacrifice à Python, nous participons à une fausse alliance. Et parce que l'alliance est essentiellement fondée sur l'unité, le fait d'être 'un',[7] Dieu se retire, refuse d'être un avec nous tant que nous sommes un avec un esprit de divination, d'intimidation, d'étranglement et de séduction.

Prenons un instant pour prier avant de regarder de plus près le fonctionnement de cette entité diaboliquement rusée.

Cependant, avant cette étape, permettez-moi d'émettre une mise en garde.

Je recommande vivement que la prière qui suit, et, pareillement, toutes les prières contenues dans ce livre soient lues entièrement et attentivement avant d'être dites à haute voix de manière intentionnelle. Si vous sentez le Saint-Esprit vous retenir par rapport à n'importe quel aspect de cette prière, écoutez et obéissez. Reportez la prière jusqu'à ce que Dieu vous donne la permission de prier.

Il est fondamentalement important de reconnaître que la prière est fondée sur la relation que nous avons avec le Père. Elle n'est pas conçue comme une formule. Les prières contenues dans ce livre sont censées être des directives pour vous aider à vous réaligner avec la Sainte Trinité ; elles ne sont rien en elles-mêmes ; elles sont conçues comme un point de départ, pas une fin en soi.

La transformation n'est possible que si vous agrippez l'ourlet du châle de prière de Jésus et que vous Lui demandez d'agir comme médiateur pour vous auprès du Père. En fin de compte, tout est centré sur Lui.

# *Prière*

Abba Père, en lisant ces tactiques de Python, je me rends compte que je me suis laissé prendre à plusieurs d'entre elles.

J'ai été dupé(e) par les contrefaçons ; tenté(e) par les appâts ; pris(e) – ou je me suis laissé prendre par – les leurres ; frustré(e) par l'étranglement ; blessé(e) par le tourment.

Je Te demande que la bannière que Tu déploies sur moi soit l'amour alors que je Te confesse mon incrédulité. Dans ma tête je sais que Tu restes toujours fidèle envers moi malgré mes erreurs, mais mon cœur a vacillé depuis si longtemps que je m'agrippe à peine.

Je sais maintenant que Python exige un sacrifice et m'a entraîné à accomplir ma destinée en sacrifiant Ton honneur, ma propre intégrité ou la promotion d'une autre personne. J'ai choisi de m'aligner avec ses desseins. Mon ignorance n'excuse en rien mon comportement.

Lorsque je T'ai rejeté, j'ai aussi rejeté Ta protection et Ta couverture. Je Te demande de me pardonner et de me réhabiliter. Je déclare mon pardon envers celles et ceux qui m'ont sacrifié et déshonoré et je demande à Jésus, par la puissance de Son Sang et de Sa Croix, de donner de la puissance à mes paroles et de leur donner de l'autorité dans le domaine de l'esprit pour qu'elles accomplissent Ta volonté pour ces personnes.

Abba Père, mes choix m'ont exposé(é) à des risques et m'ont laissé(e) sans protection. S'il Te plaît sois mon seul et unique refuge sûr.

Éveille mon esprit et mes sens pour que je sois plus vigilant(e) concernant les tactiques de Python. Ouvre mes yeux pour que je puisse discerner ses tromperies, subterfuges et ruses pour que quand il essaie d'attaquer, je puisse courir me réfugier en Toi, ma Tour et mon Refuge sûrs. Si souvent, lorsque je suis sur le point d'entrer dans ma destinée – la destinée que Tu m'as accordée avant ma conception – je sens que je suis en train d'être étranglé(e). Je sais que c'est Python qui me teste, exigeant ma capitulation. Abba, accorde-moi la grâce de revenir sous Ta couverture, d'y rester et de ne plus jamais annuler et renier Ta bénédiction.

Saint-Esprit, plane au-dessus de moi et parle à mon cœur d'une manière que je comprends pour que je puisse tenir ferme face à Python. Merci Abba, Jésus et Saint-Esprit pour Ta protection et Ton amour.

Au Nom de Christ. Amen.

2

# Python va au cinéma

Le tourbillon d'une cape noire, une musique militaire aux envolées dramatiques, un fondu vers une respiration lente et forte. Darth Vader déboule dans l'univers de *Star Wars* et, dans sa première scène, soulève un officier rebelle du sol en agrippant sa gorge et l'étouffe ensuite dans le but de lui ôter la vie. L''Étranglement de Force' s'avère être le geste meurtrier préféré de ce Seigneur Noir des Sith.

Tout au long d'*Un nouvel espoir*, Darth Vader continue de jouer le rôle d'un gardien de seuil qui n'est pas sans rappeler Python. Le fait que son nom ait été Anakin Skywalker avant qu'il bascule vers le côté obscur ne diminue en rien le symbolisme de Python. Bien au contraire, cela le renforce. Les géants bibliques d'Hébron qui étaient des agents de Python et qui intimidèrent les espions en mission de reconnaissance dans la Terre Promise étaient appelés les 'Anakim', *fils d'Anak*.

Dans la scène-clé durant laquelle le héros et le méchant se retrouvent face à face pour la première fois, le symbolisme des seuils abonde. Luke Skywalker se dirige vers le *Faucon Millenium*, sur le point de réaliser son évasion de l'Étoile de la Mort avec Han Solo, Princess Leia et Chewbacca.

Il sort par la porte qui mène vers le pont où le vaisseau est arrimé. Voici le premier symbole explicite d'un seuil : un portail.

> Darth Vader apparaît juste un peu plus loin derrière un autre portail. Deuxième symbole explicite d'un seuil : le gardien géant au portail ; troisième symbole explicite, bien-sûr, le portail lui-même.

Vader et Obi Wan engagent alors un duel au sabre laser. Durant ce combat, Obi Wan se sacrifie délibérément. Voici le quatrième symbole explicite : le sacrifice sur le seuil.

Bien-sûr, il y a d'autres symboles en arrière-plan : il a déjà été établi que Darth Vader n'est pas juste n'importe quel gardien de seuil, mais qu'il est spécifiquement de nature semblable à un python à cause de son utilisation de l'"Étranglement de Force' ainsi que son apparence monstrueuse.

George Lucas a élaboré la saga de *Star Wars* sur le modèle des théories de Joseph Campbell sur 'Le voyage du héros'. Un élément important de l'œuvre de Campbell examine la rencontre périlleuse avec les gardiens des seuils.

La société dans son ensemble semble avoir oublié Python – mais pas le monde du cinéma.

Dans le film culte moralement ambigu, *Fight Club*, Tyler Durden met en place un test sur le seuil pour toute personne qui souhaite participer au Projet Chaos. Tous les candidats sont initialement rejetés parce qu'ils sont trop jeunes, trop vieux, trop gros, trop minces, trop tout. Mais s'ils restent debout sur un porche délabré pendant trois jours et trois nuits sans nourriture, sans abri ni encouragements, ils sont autorisés à participer.

'Tyler' est un nom semblable à 'Anakin'. Tout comme 'Anakin' évoque un gardien de seuil à cause de sa similarité avec 'Anakim', 'Tyler' a des connotations mythiques et spirituelles similaires. Tyler, Tiler, Taylor, Tailor et les diverses variantes orthographiques ont la même racine latine qui signifie couper. Cette signification suffit à les lier tangentiellement aux alliances, parce qu'on ne *fait* pas une alliance spirituelle, on la *coupe* (de l'anglais 'cut a covenant'). Mais la relation directe du 'tiler', le carreleur, au chérubin tire ses origines du rituel maçonnique. Le 'tiler' dans la franc-maçonnerie – et dans les organisations similaires – a pour responsabilité de se tenir sur le seuil pour protéger la Loge des ennemis internes ou externes. Son épée est supposément cérémoniale : en réalité, elle sert à tuer toute personne qui représente une menace pour la Loge.

Les gardiens originels du seuil étaient les chérubins brandissant des épées aux portes d'Eden. En effet, 'cherub' et 'chereb', *sword* (épée en anglais), riment en hébreu.[8]

Tyler est un nom qui est si profondément intrinsèquement lié à l'idée de seuil, que lorsqu'il est donné à un membre d'une famille, il indique des difficultés générationnelles avec Python. Il est également symptomatique d'alliances impies au sein d'une lignée familiale y compris, sans s'y limiter, les vœux associés à la franc-maçonnerie.

Les parents donnent de tels noms inconsciemment – un instinct les attire vers un nom qui souligne le problème familial de longue durée et place devant eux un appel à l'aide adressé à Dieu chaque jour. Chaque fois que les parents prononcent le nom d'un enfant ainsi nommé, ils :

1. nomment un problème non-résolu dans la lignée familiale
2. le présentent au Seigneur, demandant Son aide
3. prophétisent sur l'élu(e) qu'elle ou il résoudra le problème, purifiera le flot générationnel et guérira le monde.

Plusieurs films utilisent l'idée des gardiens de seuils qui finissent par devenir les alliés du héros. Un des films qui utilisent ce trope est *Princess Bride* : le héros Westley rencontre un trio de testeurs, Vizzini le Sicilien, Fezzik le géant, et l'épéiste, Inigo 'Tu-as-tué-mon-père-prépare-toi-à-mourir' Montoya.

Il y a des éléments à la fois des Anakim et des chérubins : le géant menaçant et l'incomparable porteur d'épée.

Mais la ressemblance s'arrête là. Python ne deviendra jamais un allié tant que vous refusez de lui offrir un sacrifice. Et s'il devenait un allié parce que vous lui avez offert un sacrifice et vous vous êtes engagé dans une alliance avec lui, Dieu se retirera. L'ombre de Ses ailes, Son alliance de protection et Sa présence en tant que tour forte sera ôtée.

De plus, il se *peut* que Python soit votre allié – une situation qui est très loin d'être stable et garantie avec le temps – vous vous serez mis(e) dans la situation parfaite pour être victime des représailles de Léviathan.

Les seuils se présentent sous diverses formes : portails, portes, ponts, frontières, rives, berges, falaises, bornes, lisières, débuts, fins.

Dans le bien nommé *Monty Python, sacré Graal,* le concept du gardien de seuil terrifiant est adapté du mythe grec ancien de la rencontre d'Œdipe et du Sphinx. Mais le film fait joyeusement la satire de ce trope usé par le temps. Au lieu d'une créature hybride avec le corps d'un lion et le visage d'une femme,[9] les chercheurs du Graal venant de la cour d'Arthur rencontrent un vieillard débraillé à l'entrée d'un pont.

Trois questions apparemment anodines sont posées aux chevaliers. Une fois que Sir Robin et Sir Galahad ont été incapables de répondre au vieil homme de manière adéquate, ils sont précipités dans un abîme volcanique.

Le roi Arthur doit faire face à la question suivant du gardien : à quelle vitesse vole une hirondelle non chargée ?'

Arthur, perplexe, souhaite avoir une précision. 'Une hirondelle africaine ou une européenne ?'

En répondant à une question par une question, les rôles sont renversés. Le gardien, lui-même incapable de répondre, se retrouve catapulté dans l'abîme.

Les films ont un souvenir de la réalité spirituelle que notre culture a sans doute oublié. Les gardiens de seuil existent – et ceux qui sont impies sont opiniâtrement hostiles.

Passons des films à la littérature, le meilleur exemple du mode de fonctionnement de Python ainsi que des autres esprits des seuils est un classique de la littérature fantastique pour enfant, *Le Fauteuil d'argent*. C'est le meilleur exposé de ce qui constitue une alliance de seuil. C'est tellement détaillé en effet, que je considère comme une conclusion inévitable l'idée que CS Lewis devait tout savoir sur l'étranglement mortel et le gaspillage par expérience directe.

Les statistiques sur Internet ont déclaré à plusieurs reprises qu'il a eu 800 refus avant de vendre un seul de ses écrits. Maintenant, plusieurs experts considèrent ce chiffre totalement improbable, se demandant s'il n'est pas une pure invention. Après tout, sa première collection de vers a été publiée lorsqu'il avait à peine vingt ans.

Néanmoins, on peut dire que Lewis n'a jamais réalisé sa véritable ambition. Il a toujours voulu se faire un nom en tant que l'un des grands poètes du vingtième siècle, pas en tant que romancier. Ce rêve lui a constamment échappé.

Malgré cela, je suis certaine que plusieurs personnes penseront que mon affirmation selon laquelle il a subi un étranglement et du gaspillage mortels est une exagération, si ce n'est pas totalement faux. Sa notoriété résultant de ses *Broadcast Talks* et de ses livres à succès, *Voilà pourquoi je suis chrétien* et *Le Monde de Narnia*, invalident sûrement cette idée. Comment Jack Lewis pourrait-il véritablement savoir quoi que ce soit sur l'étranglement et le gaspillage ?

Eh bien, c'est impossible à prouver bien-sûr, mais je ne vois pas comment une personne qui n'a jamais été confrontée à toute l'étendue des conflits liés aux seuils serait en mesure de dépeindre la dynamique spirituelle de manière aussi intime et complète qu'il le fait dans *Le Fauteuil d'argent*.

La raison pour laquelle cela passe inaperçu c'est le fait que la plupart des gens sont entièrement ignorants de l'existence des alliances de seuil, sans parler de ses caractéristiques. Donc on manque de voir cette œuvre fantastique sur les portails pour ce qu'elle est en réalité. En effet, ce n'est que quand j'ai écrit une liste des traits caractéristiques d'un seuil profane que j'ai remarqué ce que Lewis avait fait.

Voici ma liste. Alors que vous vous alignez pour entrer dans l'appel que vous ressentez que Dieu a préparé pour vous, vous êtes confronté à la plupart de ce qui suit sinon à tout :

1. la sensation d'un portail qui mène à votre destinée
2. une attaque de l'esprit d'oubli
3. une attaque de Python, l'esprit d'étranglement et de divination
4. une attaque de Rachab, l'esprit de gaspillage
5. une attaque de l'esprit de rejet
6. une attaque d'un esprit vampirique
7. une attaque d'un esprit d'armée
8. le silence de la part de celles ou ceux qui pourraient vous aider dans vos prises de décision
9. des informations ambiguës de la part des personnes que vous rencontrez
10. l'intimidation par des géants
11. la séduction vous poussant à opter pour la facilité et le confort
12. un désir inconscient d'offrir un sacrifice aux gardiens du seuil
13. le besoin de résoudre les problèmes liés à l'inscription sur votre pierre de seuil
14. le choix de passer par-dessus le seuil ou le fouler à nos pieds

15. la tendance à penser 'Si' ou 'Si seulement'
16. les sceaux spirituels liés à votre nom et à son alliance

Le fait de les écrire sous forme de liste donne l'impression que nous sommes confrontés à des obstacles énormes, insurmontables. En fait, c'est le cas ! Mais tout comme Eustache et Jill dans *Le Fauteuil d'Argent* ont surmonté des géants et des sortilèges maléfiques simplement en obéissant aux directives d'Aslan, nous aussi, nous pouvons lutter contre des entités cosmiques puissantes par la grâce de Dieu et en agrippant la main de Jésus.

En l'occurrence, les personnages qui symbolisent l'esprit vampirique et l'esprit d'armée dans le livre ne sont pas réellement menaçants, en dépit de leur apparence. L'histoire (voir Annexe 4) se résume à se concentrer presqu'entièrement sur Python. Dans la scène culminante, lorsqu'Eustache et Jill viennent en aide au Prince kidnappé, la Dame à la Robe Verte, autrefois douce et avenante se transforme en un python géant. Par la suite, elle tente d'écraser et tuer le Prince Rilian.

Il a déjà détruit son outil de sorcellerie : le fauteuil d'argent qui le retenait captif et qui l'a privé de tout souvenir de sa véritable identité toute la journée sauf une heure par jour.

Je ne peux m'empêcher de me demander ce que le fauteuil d'argent mentionné dans le titre représentait réellement pour Lewis. Son nom de famille était gallois, malgré son enfance irlandaise et son éducation anglaise.

Et pour les Gallois, un 'fauteuil d'argent' avait une signification très particulière : c'était le prix convoité décerné au meilleur barde durant une eisteddfod. C'était ainsi que les dons du poète étaient reconnus et qu'on leur accordait la plus haute distinction.

Donc ce titre était-il réellement lié à l'ambition tant attendue de Lewis : être reconnu en tant que poète ? A-t-il fini par considérer cette aspiration comme une incitation de Python à oublier ses véritables dons et vocation ?

Il est impossible de le savoir exactement — mais je crois que l'auteur déposait son ambition sur l'autel alors même qu'il écrivait cette histoire.

*Lorsque la trêve fut établie et qu'Arthur fut prêt, il dit à ses chevaliers, 'Soyez prudents et vigilunts, car je n'ai pas confiance en Mordred. Si vous voyez un soldat avec une épée à la main, avancez avec férocité, et tuez le méchant et son garde.'*

*Mordred fit la même mise en garde à ses seigneurs, car il se méfiait également d'Arthur, dont il avait peur et dont il doutait.*

*Les deux rois s'avancèrent et se firent face entre leurs armées. Mais par un hasard mortel, alors que le roi et son adversaire discutaient, une vipère sortit d'un buisson de bruyère et mordit le pied d'un chevalier. Sentant la blessure, il tira son épée à la hâte, sans y réfléchir, pour tuer le serpent venimeux.*

*Mais dès que les deux armées virent l'épée étinceler en l'air, le tumulte et le tollé éclatèrent. Comme deux puissantes vagues de combat, les grands hommes de guerre abandonnèrent leurs postes et se ruèrent ensemble à travers la plaine.*

Adapté de The Sting of the Viper
The Romance of Reality, Historic Tales Volume 14
Charles Morris

Et c'est ainsi que Camelot se termine. La sphère romantique, le royaume où le courage et la justice règnent, cette utopie de rêve des derniers temps, tout s'arrête brutalement à cause de la piqûre d'une vipère.

Encore Python : il agit parfois sous forme d'étranglement progressif et à d'autres moments en attaque éclair. On le voit au début d'un projet et à sa fin tragique. On le voit dans des mots comme *vipère* et *couleuvre,* et également *cobra* et *python* – toutes des traductions en anglais du même mot hébreu 'pethen'.

Dans tout notre héritage littéraire commun, nous trouvons un souvenir de Python apparaissant sous la forme d'un esprit de seuil mortel qui guette continuellement sous la surface.

Le film, *Le Roi Arthur : La Légende D'Excalibur*, s'inspire systématiquement du vaste corpus de romans d'Arthur. Il utilise des motifs d'ancienne poésie celte, y ajoute une pincée de médiévisme français, fait un clin d'œil à diverses narrations modernes – puis offre des propositions mythiques sur la nature des seuils. Les esprits de seuil apparaissent sous une forme ou une autre dans le film – même, à ma grande surprise, celui que j'ai surnommé le 'Janissaire'.

Python apparaît sous la forme d'un monstre aquatique sinueux. Il rappelle au roi malfaisant, Vortigern, que son pouvoir ésotérique vient d'une alliance – avec un prix à payer. Le sacrifice est coûteux à un point quasiment inimaginable – il faut que ce soit quelqu'un que le roi aime.

Le film est imprégné du concept du sacrifice de seuil. Il n'est pas simplement question de bien et de mal habillé en costumes moyenâgeux, il est question des choix auxquels Arthur et Vortigern sont confrontés alors que chacun d'entre eux approche différents moments de transition. Arthur choisit systématiquement de se sacrifier, tandis que Vortigern n'a aucun scrupule à sacrifier les autres et en effet, à plusieurs reprises, s'en délecte. Ces choix – se sacrifier ou sacrifier les autres – sont les deux options les plus communes que Python nous présente sur le seuil.

Le mythique Camelot d'Arthur n'est pas le seul royaume qui a été détruit par l'attaque éclair d'un serpent. Le vaste empire d'Égypte est tombé devant Rome lorsque Cléopâtre se serait suicidée avec l'aide d'un aspic. Son nom *gloire de la patrie* peut aussi se traduire *clés de la patrie* – et, avec sa mort, les clés ont bel et bien tourné et la porte s'est ouverte à l'occupation romaine de vastes nouveaux territoires.

Alexandre le Grand était aux portes de l'Inde, sur le point de vivre son plus grand triomphe, lorsqu'il contracta une fièvre. Les dernières personnes qui s'occupèrent de lui sur son lit de mort furent Séleucus, un général, et Peithon, son garde du corps. Peithon signifie *python*. Dans la division de l'empire d'Alexandre parmi ses généraux et amis, Peithon devint le satrape de la Médie, une section tellement vaste et stratégique qu'il fut reconnu qu'il lui serait possible de déstabiliser l'empire tout entier. Il fut contraint d'abandonner la moitié de ses avoirs. Son nom n'est pas le seul qui puisse être associé avec un seuil. Ptolémée, le général qui a reçu l'Égypte et la Judée lors du partage du territoire conquis par Alexandre, est aussi un candidat.

L'imposition de la langue grecque sur les peuples assujettis a eu des conséquences considérables. Le grec est devenu la lingua franca de l'époque – et cela est resté le cas pendant des siècles. Par conséquent, l'hébreu n'était plus la langue parlée partout dans la diaspora juive – et les Écritures ont été traduites en grec, la 'Septante', pour répondre au nouveau défi.

Alors Ptolémée était le premier d'une lignée de rois dont la dernière était Cléopâtre – et j'estime que les deux noms indiquent des seuils existants par le passé. Python intervient de manière subtile, même dans leurs noms. Ptolémée, outre le fait que son nom commence par les lettres *pt* (voir l'Annexe 2) – est dérivé, à mon avis, de la même racine que Talmai, un des fils d'Anak, les agents de Python.

Dans tout notre patrimoine littéraire ainsi que dans nos dossiers historiques, la preuve est là : sur les seuils, Python est présent sous une forme ou une autre. Pourtant, lorsque nous affrontons notre appel personnel vers notre destinée, nous refusons de reconnaître qu'il est présent. Nous supposons que, parce que nous répondons à l'appel de Dieu, rien ne peut nous toucher. Nous considérons notre situation particulière comme étant sacrosainte – totalement dépourvue de cet esprit particulier. Certains d'entre nous pensent que si nous ignorons Python, il s'en ira.

Mais il ne part pas. Il a le droit légal de nous attaquer. Mais avant de se pencher sur cela, regardons comment Jésus et Paul ont communiqué avec lui.

## Prière

Jéhovah Pérets, Seigneur de la Percée, de la Brèche, et Jésus de Nazareth, la Porte des Brebis, je Te demande de me fournir la couverture dont j'ai besoin pour franchir le seuil vers ma destinée. Je te demande de venir promptement comme mon protecteur puissant chaque fois que Tu m'avertis par des signes et des symboles, des rêves et des visions, par des événements de tous les jours, à travers ce que je regarde et ce que je lis, que Python vient me tester.

La vie est loin d'être aussi simple que ce que j'ai choisi de le croire. Python est une réalité spirituelle à laquelle j'ai été confrontée et j'admets que je ne l'ai pas surmonté. Il a le droit légal de me tester et de me tenter. Mes mauvais choix parce que j'ai succombé à ses tentations subtiles ont causé des ravages et installé un malaise dans ma destinée, dans ma vie.

Je reconnais que j'ai besoin de Ton aide pour être constamment sur mes gardes contre ses nombreuses manœuvres et astuces et je reconnais que j'ai besoin de Ta protection puissante et de Ta sagesse pour faire des choix divins pour tenir ferme. Pardonne-moi d'avoir essayé de surmonter Python par ma propre force. Je me repens pour toutes les fois où j'ai utilisé ma propre sagesse, où je me suis appuyé(e) sur la divination ou j'ai été séduit(e) et entraîné(e) à sortir de sous Ta protection basée sur Ton alliance.

Aide-moi et guéris-moi, Jéhovah Pérets.

Au Nom de Jésus, la Porte des Brebis. Amen.

# 3
# Python trouve son maître

La seule et unique fois où le nom de l'esprit de Python est mentionné dans les Écritures se trouve dans Actes 16:16.

*'Or il arriva que, comme nous allions à la prière, une servante qui avait un esprit de python et qui, en prophétisant, procurait à ses maîtres un grand gain, vint au-devant de nous.'*

Ce verset est tiré de la version Darby. Les autres versions de la Bible sont assez différentes. Très rares sont les traductions anglaises qui mentionnent Python – certaines utilisent l'expression *esprit de divination* ; certaines choisissent le terme *prédictions* ou encore *voyance* ou *cartomancie*. Ces termes occultent le mot originel en grec : 'Python'. Je concède qu'un des stratagèmes de Python, comme nous l'avons vu, est de nous inciter à pratiquer la divination. Cependant, ce n'est qu'un aspect de son projet global. Ce n'est pas tout.

Ces descriptions – *divination, prédictions, voyance* et *cartomancie* – sont des manières valides d'indiquer la présence et l'activité de Python. Toutefois, elles ont un effet regrettable. Pour la plupart des lecteurs, elles sont éminemment rassurantes et ils communiquent un effet apaisant injustifié, car elles impliquent que, à moins que les croyants ne passent leur temps en compagnie de devins ou de médiums, il est extrêmement improbable qu'ils rencontrent Python.

Mais la présence de Python ne dépend pas de nos fréquentations, bien que cela soit évidemment un facteur. Python est mentionné dans cette histoire parce qu'il est question d'un franchissement de seuil.

Examinons de plus près les détails. Paul et Silas[10] étaient dans la cité grecque de Philippes et, pendant plusieurs jours, une jeune esclave les suivit alors qu'ils allaient à la prière. Elle criait, *'Ces hommes sont les serviteurs du Dieu Très-Haut, et ils vous annoncent la voie du salut.'*

Finalement, malgré la publicité gratuite, Paul se tourna vers elle et chassa l'esprit. Par conséquent, les propriétaires de l'esclave – furieux à l'idée de perdre les bénéfices qu'elle gagnait pour eux – traînèrent Paul et Silas devant les juges. Ils furent violemment battus, puis jetés dans un cachot. Ensuite, pendant qu'ils chantaient des louanges à minuit, un tremblement de terre se produisit et les portes de la prison s'ouvrirent violemment. Le geôlier, pensant que les détenus s'étaient échappés, était sur le point de se donner la mort mais arrêta lorsqu'il entendit la voix de Paul. Par la suite, lui et toute sa famille furent sauvés.[11]

Quasiment tous les prédicateurs mettent l'accent sur le dénouement – la conversion du geôlier Philippien – les louanges à minuit étant le deuxième aspect (de très près) à être mis à l'honneur. L'incident est tellement isolé du contexte plus large du ministère de Paul que le fait qu'il était sur le point de franchir un seuil majeur lorsqu'il rencontra Python est complètement masqué.

Philippes n'était pas juste un arrêt comme un autre durant l'un des voyages missionnaires de Paul. C'était le début de quelque chose de nouveau. L'Esprit de Jésus avait barré le chemin à Paul alors qu'il s'acheminait vers l'Asie, et ensuite il avait eu une vision d'un homme en Macédoine, 'Passe en Macédoine et aide-nous !'

Philippes fut la première ville en Macédoine où Paul et Silas restèrent pour prêcher l'évangile. Ce faisant, ils introduisirent la Bonne Nouvelle de Jésus par la porte ouverte qui menait en Europe. C'était un nouveau départ.

Donc la rencontre de Paul et Python se produisit sur un seuil monumental dans l'histoire de la foi : le christianisme était en train de passer d'un continent à un autre.

Il se peut que nos seuils personnels ne soient pas aussi significatifs que Paul introduisant l'évangile en Europe. Mais ce sont néanmoins des moments où Dieu nous appelle à entrer dans notre appel. Python n'attaque pas au hasard : il attend ces moments.

Python a-t-il trouvé son maître lorsqu'il a rencontré Paul ? Tout bien considéré – et je reconnais que c'est discutable – mon opinion personnelle est que la réponse est non. Python n'a pas été vaincu par Paul. J'ai plutôt tendance à penser que malgré la conversion du geôlier, Paul a expérimenté un contrecoup non négligeable. Python n'a peut-être pas gagné, mais il n'a certainement pas perdu non plus.

Si Paul était resté à Philippes et avait fait un suivi des disciples qu'il avait gagnés à Christ, je dirais oui, il aurait véritablement vaincu Python. S'il avait continué avec son ministère dans la première ville où il avait prêché en Macédoine, je n'aurais aucun doute qu'il a foudroyé cet esprit de seuil. Mais il est parti immédiatement.

Vous pensez peut-être autrement. Et je suis ouverte et prête à me laisser persuader du fait que mon opinion devrait être différente. Cependant, je crois qu'il est si facile de croire qu'on a vaincu Python alors que des personnes externes pourraient voir notre situation différemment.

Jentezen Franklin raconte une histoire mémorable d'une situation où il a mené son église à vaincre l'esprit de Python. La congrégation était en pleine croissance et un nouveau bâtiment était nécessaire pour accueillir le nombre croissant de membres chaque semaine. Juste quand la construction commençait et que toutes les réserves financières de l'église avaient été utilisées pour leur permettre de tenir jusque-là, Franklin se rendit à la banque pour effectuer un premier retrait sur un prêt garanti. À sa grande surprise vu la solvabilité irréprochable de l'église, le conseil d'administration de la banque refusa d'avancer l'argent et de donner une explication.

'Quand j'y repense, je crois de tout mon cœur qu'il s'agissait là d'une attaque de notre ennemi invisible visant à restreindre et à s'enrouler autour de notre église pour nous empêcher de toucher des milliers d'âmes,' écrivit Franklin.[12] 'J'ai dit au président de la banque lors de notre réunion que s'ils ne tenaient pas parole et s'ils ne nous donnaient pas le montant promis, j'informerais la congrégation de leurs actes. Il sourit malicieusement et dit d'un air hautain, "Faites ce que vous voulez, nous ne changerons pas d'avis."'

'Ce dimanche matin, je me suis levé et j'ai partagé mon cœur lourd avec notre congrégation. J'avais l'impression que notre vision qui était de transformer notre ville, notre état, et notre nation était stoppée dans son élan... J'ai partagé la mauvaise nouvelle avec la congrégation, puis je les ai invités à faire ce que je comptais faire. J'avais décidé de fermer mon compte bancaire personnel dans cette banque.'

'Le lendemain matin, le parking de la banque était plein. Il y avait neuf ou dix clients dans chaque queue. Ils disaient, "Je suis membre de Free Chapel et je viens fermer mon compte."'

'Avant midi ce jour-là j'ai reçu un appel m'invitant à une réunion urgente à la banque avec le conseil d'administration. Lorsque je suis arrivé, ils m'ont présenté le contrat du prêt et ont dit, "Pasteur, vous avez pratiquement ruiné notre banque."'

Cependant, Franklin, inspiré par ce qu'un prédicateur âgé en qui il avait confiance lui avait dit la nuit précédente, rejeta le contrat et dit que lui et son église feraient confiance à Dieu et en Sa provision. Et il raconta qu'en une année, des miracles financiers pleuvaient, exactement au moment où ils en avaient besoin. 'La mainmise de Python sur nos finances et sur notre foi était brisée,' conclut-il.

Cette déclaration est discutable à mon avis. Tout comme la victoire de Paul sur Python à Philippes est discutable, la situation décrite par Franklin me semble vraiment ambiguë.

Franklin a discerné correctement que son église était confrontée à Python. Lorsqu'on regarde de plus près son histoire, on aperçoit des signes évidents de :

1. frappe surprise sur un seuil (premier retrait)
2. au moment le plus vulnérable (toutes les réserves financières épuisées)
3. étranglement (plus d'argent)
4. silence (conseil de la banque ayant changé d'avis sans les informer)
5. intimidation (les fermetures de compte ruineuses)

Alors Franklin n'a pas reconnu Python comme étant un esprit de seuil. Son église ne semble pas non plus s'être rendu compte que la pression de Python a pour but de nous contraindre à lui offrir un sacrifice.

D'après mon expérience et ce que j'ai observé, il y a trois types de sacrifices que Python trouve acceptable :

1. d'autres personnes
2. nous-mêmes
3. l'honneur dû à Dieu

Il est certain que plusieurs personnes verront les choses différemment mais, quand je regarde l'histoire de Franklin, je vois deux de ces trois sacrifices offerts à Python. Premièrement, il y a la banque et la communauté au sens large qui dépend de la banque. Cela ressemble de manière frappante au sacrifice des autres au nom de la foi.

En conséquence de ce premier sacrifice, il y a de grandes chances que ce scénario se produise : *'Car le nom de Dieu est à cause de vous blasphémé parmi les païens, comme cela est écrit.'* (Romains 2:24 LSG)

Peut-être que l'église de Franklin a réellement vaincu Python. J'ai cependant des doutes à ce propos. Parce que si en ce faisant, ils ont également terni le Nom de Dieu, alors ils ont sacrifié Son honneur. Cela crée donc les circonstances idéales pour que Léviathan les frappe sauvagement dans l'avenir.

Python a la subtilité d'un serpent. Il peut nous mener à sacrifier l'emploi, les moyens de subsistance ou l'avenir d'autres personnes, tout en nous poussant à croire que nous faisons en fait le choix d'exercer notre foi. Si au lieu de lancer ce défi à ses membres, les invitant à fermer leurs comptes, Franklin avait simplement choisi de dire à son église qu'ils avanceraient par la foi, croyant que Dieu pourvoira, le doute concernant le fait que Python a desserré son étau serait résolu.

Ahhh. *Si*.

C'est toujours de 'si' qu'il est question.

Et il en a toujours été ainsi depuis le Jardin d'Eden.

Ce serait beaucoup trop facile d'avoir l'impression que Python apparaît subitement de nulle part dans le livre des Actes, lève la tête brièvement et est ensuite rapidement écrasé – pour ne plus jamais sortir sa langue fourchue. Ce serait complètement inexact de penser ainsi. Dans l'Antiquité, la notoriété de Python était tellement indécente qu'un écrivain pouvait facilement y faire allusion sans même mentionner son nom.

Comment est-il parvenu à une telle notoriété ?

Le fait est qu'il existait un temple à Delphes, érigé en l'honneur de Python Apollon en hauteur sur les falaises surplombant la Baie de Corinthe. La Sybille qui y résidait

– connue sous le nom de Pythie – avait une renommée qui s'étendait bien au-delà des frontières de la Grèce. Elle s'asseyait dans une cave sur un trépied en laiton[13], au-dessus d'un gouffre d'où émanaient des exhalaisons psychotropes. Elle s'exprimait parfois de manière cohérente et parfois en balbutiements – considérés comme une langue céleste inconnue ou un langage provenant des confins de la terre – elle dispensait des prédictions en devinettes au nom du dieu. Il semblerait que les prêtres exigeaient un paiement pour interpréter ses prédictions.

Pendant des siècles, les adorateurs et les curieux se rendaient à Delphes pour consulter l'oracle et connaître leur avenir. Crésus roi de Lydie au sixième siècle avant Jésus-Christ, était connu pour ses richesses. Mais il était aussi célèbre, longtemps après sa mort, pour avoir envoyé un messager à Delphes pour demander conseil pour savoir s'il devait aller en guerre contre les Perses. Satisfait de la réponse de l'oracle, 'Si Crésus envahit, un grand empire sera détruit,' il ne remarqua pas l'ambiguïté de la réponse.

Oui, **l'ambiguïté**. L'une des marques de Python.

Et **si** également : 'Si Crésus envahit...'

Quelque sept siècles plus tard, le temple à Delphes s'était enrichi et était devenu magnifique. Néron le visita et, avant d'être proclamé empereur, il s'empara de centaines de ses plus belles statues de marbre. Son acquisition entama à peine sa collection. Néron était intrigué par la lettre E stylisée qui se trouvait partout dans le complexe du temple, notamment sur l'omphalos,**14** qui était censé symboliser le centre du monde. Il demanda aux prêtres de Python Apollon de lui expliquer la signification de cette lettre E.

Plutarque, qui devint plus tard grand prêtre dans ce temple, commentait dans son essai, *En ce qui concerne le E à Delphes*, que personne ne pouvait être certain de ce qu'il signifiait. Ce symbole était tellement ancien que sa véritable signification était perdue dans la nuit des temps.

Cependant, étant sans doute conscient du fait que cette réponse était insatisfaisante, Plutarque s'aventura à faire quelques conjectures. Il est possible, dit-il, que cette lettre provienne de 'ei', qui signifie *si*. Après tout, plusieurs des réponses de l'oracle commençaient par *si*. Tout comme plusieurs des questions posées à la Pythie. Une autre possibilité est que cette lettre signifiait *'Je suis'* et renvoyait au dieu Python Apollon lui-même. Elle peut également être liée au chiffre *cinq*.

Alors, bien que Paul – à mon avis – n'ait pas complètement vaincu Python à Philippes, il tira une leçon de son erreur. Et il révéla le secret pour vaincre cet esprit aux habitants de Corinthe, qui vivait de l'autre de la baie en face de Delphes.

Bien que Python ne soit pas spécifiquement mentionné dans son épître aux Corinthiens, son message y fait allusion dans les chapitres 12 et 13 de 1 Corinthiens. Les destinataires originaux de ces épîtres auraient été conscients du fait que toutes les références aux parties du corps humain dans le chapitre 12 rappelaient les diverses offrandes votives données à Python ayant pris la forme d'Asclépios, le dieu de la guérison. Notre symbole médical moderne constitué de serpents entrelacés autour d'un bâton est celui d'Asclépios. À Corinthe, il y avait des autels célèbres où des parties du corps en or, en argent, en céramique et en bois, telles que des bras, des jambes, des torses ou des yeux étaient offertes en guise de sacrifices d'actions de grâce pour la guérison de cette partie du corps qui était affectée.

> *Car comme le corps n'est qu'un, et cependant il a plusieurs membres, mais tous les membres de ce corps, qui n'est qu'un, quoiqu'ils soient plusieurs, ne sont qu'un corps, il en est de même de Christ. Car nous avons tous été baptisés d'un même Esprit, pour être un même corps, soit Juifs, soit Grecs, soit esclaves, soit libres, nous avons tous, dis-je, été abreuvés d'un même Esprit. Car aussi le corps n'est pas un seul membre, mais plusieurs. Si le pied dit : parce que je ne suis pas la main, je ne suis point du corps ; n'est-il pas pourtant du corps ? Et si l'oreille dit : parce que je ne suis pas l'œil, je ne suis point du corps ; n'est-elle pas pourtant du corps ? Si tout le corps est l'œil, où sera l'ouïe ?*
>
> 1 Corinthiens 12:12-17 Martin

Paul attise juste le feu à ce stade, faisant indirectement allusion à la manière dont Asclépios a contrefait et miné l'intention de l'Esprit pour l'église. L'invitation d'Asclépios à la fragmentation a réussi au premier siècle et elle est toujours aussi efficace au vingt-et-unième siècle. Pourquoi changer quelque chose qui a fait ses preuves ? Asclépios invite plusieurs croyants à penser : 'Nous ne devons pas faire partie d'une église pour adorer Dieu,' et il fait même l'accusation suivante, 'C'est l'esprit de religion en vous qui vous invite à rejoindre un environnement institutionnel.'

Après l'exercice d'échauffement du chapitre 12, Paul porte son attention directement vers Python. Nous appelons le chapitre 13 le 'chapitre de l'amour', mais un meilleur titre serait peut-être le 'chapitre de si' ou le 'chapitre du choix'.

> ***Si*** *je parle les langues des hommes, et même celles des anges, mais que je n'ai pas l'amour,* ***je suis*** *un cuivre qui résonne ou une cymbale qui retentit.* ***Si*** *j'ai le don de prophétie, la compréhension de tous les mystères et toute la connaissance,* ***si*** *j'ai même toute la foi jusqu'à transporter des montagnes, mais que je n'ai pas l'amour,* ***je ne suis*** *rien. Et* ***si*** *je distribue tous mes biens aux pauvres,* ***si*** *même je livre mon corps aux flammes, mais que je n'ai pas l'amour, cela ne me sert à rien.*
>
> 1 Corinthiens 1–4 S21

'Si' est utilisé quatre fois[15] et 'je suis' deux fois : ces deux mots rappelant ce fameux E gravé sur l'omphalos dont Plutarque suggéra qu'il signifie soit **si** soit **je suis**.

Mais il y a d'autres échos des rites de Delphes : les langues des hommes ou des anges, le cuivre qui résonne, la cymbale qui retentit, le don de prophétie, la compréhension de tous les mystères et toute la connaissance. Toutes ces choses étaient présentes dans le culte du temple de Python Apollon.

Donc, qu'est-ce qui peut vaincre l'esprit de Python ? Paul nous donne une seule et unique réponse.

**L'amour.**

Peut-être est-ce la raison pour laquelle je conteste le fait que Jentezen Franklin et son église ont vaincu Python. La réalité de la vie de tous les jours dans sa congrégation pourrait être très différente, mais l'histoire – du moins telle qu'il l'a racontée – n'exsudait l'amour à aucun moment.

La foi ne l'emporte pas simplement sur l'amour, même la foi qui déplace les montagnes.

Dès que nous sommes confrontés à un moment 'si', dès que nous sommes sur le point de passer par-dessus un seuil où des options différentes se présentent à nous, Python a le droit légal d'être là. D'où vient ce droit ?

Retournons à Genèse chapitre 3, versets 13–15. Lisons la version Martin :

> *C'est le serpent qui m'a trompée, répondit la femme, et j'en ai mangé.'*

*Alors l'Eternel Dieu dit au Serpent : Puisque toi, tu as fait cela, tu es maudit... Je susciterai de l'hostilité entre toi et la femme, entre ta descendance et sa descendance. Celle-ci t'écrasera la tête, et tu lui mordras le talon.'*

Ce dernier mot, *talon*, est également le mot hébreu pour *si*. Il nous dit que Dieu a accordé au serpent le droit de frapper nos choix.

C'est pour cela que le mot *si* est tellement important pour Python. C'est pour cela qu'il choisit **SI** comme symbole. Si est le mot qui lui accorde le droit légal d'accéder à nos vies.

*Si.*

*Si seulement.*

*Et si.*

J'ai raconté plusieurs anecdotes tout au long de ce livre, et vous vous êtes peut-être demandé si quelqu'un a déjà écrasé la tête de Python pendant qu'il frappait nos choix. Oui, Python a trouvé son maître. Et il a trouvé son maître en Jésus.

Il a été confronté à lui lorsqu'Il a été tenté dans le désert. Lisez tous les 'si' qui Lui ont été jetés à la figure durant cette période.

> '**Si** *tu es le Fils de Dieu, ordonne donc à cette pierre de se changer en pain.*' (Luc 4:3 BDS)

*'**Si** tu es le Fils de Dieu, jette-toi d'ici en bas...'* (Luke 4:9 NAS)

*'...**si** donc tu te prosternes devant moi, tout cela sera à toi.'* (Luc 4:7 BDS)

C'est un seuil dans la vie de Jésus : Il était sur le point de débuter son ministère public et à la fin d'un jeûne de quarante jours. Ni Luc dans ce passage, ni Matthieu au chapitre 4 de son évangile, n'ont identifié l'esprit auquel il était confronté. Mais la preuve est là que l'ennemi qui est également appelé 'le tentateur' ou 'le diable' dans cet épisode, était en fait l'esprit de Python. Examinons les indices :

*Ensuite le diable L'a amené à la ville sainte et l'a placé au sommet du temple et Lui a dit, « Si tu es le Fils de Dieu, jette-toi en bas, car il est écrit : "Il donnera des ordres à ses anges à ton sujet," et "ils te porteront sur leurs mains pour que ton pied ne heurte pas de pierre." »*

Matthieu 4:5-6

Cette scène est tellement chargée !

Quelle est l'importance du fait que le diable a transporté Jésus au sommet du temple à Jérusalem ? Pourquoi ce lieu ? Et pourquoi cette citation ? L'ennemi pouvait choisir un autre passage dans les Écritures, pourquoi a-t-il choisi celui-là ?

Pour deux raisons : le passage cité fait allusion à Python. C'est la première raison. Mais la seconde est évidemment le fait que l'ennemi n'est pas satisfait d'avoir en sa possession l'omphalos situé à Delphes qui est une contrefaçon. Pas de pâle copie, merci. Il veut le réel trésor : et il se trouve que ce qu'il désire est la chose même qu'il imite – la pierre fondatrice du temple à Jérusalem.[16] Cette pierre fondatrice est appelée 'eben ha-shetiyah' – *la pierre à partir de laquelle le monde a été tissé.*[17] Elle est la contrepartie dans le monde naturel de la réalité spirituelle : la pierre angulaire du cosmos créé. L'ennemi, en amenant Jésus à Jérusalem, avait un plan directeur ambitieux. Tout comme il en est arrivé à diriger le monde en tentant le premier Adam, il aspirait maintenant à obtenir l'univers tout entier en tentant le second Adam.

Alors comment la citation, *'ils te porteront sur leurs mains pour que ton pied ne heurte pas de pierre,'* fait-elle allusion à Python ? Elle est tirée du Psaume 91 et Jésus a sans aucun doute immédiatement pensé à la ligne suivante, puisqu'après tout, au premier siècle, la séparation actuelle de la Bible en chapitres et versets n'existait pas. Cette ligne suivante dit : *'Tu marcheras sur le lion et sur la vipère, tu piétineras le lionceau et le dragon.'* (Psaume 91:13 S21)

Le mot hébreu pour *vipère* est 'pethen', *python*.

Et au verset précédent, le mot pour *heurter* est 'nagaph', utilisé également pour communiquer *frapper/briser, trébucher* et *tourmenter.* Il indique le rejet d'une alliance de seuil effectué en piétinant la pierre angulaire et en refusant de passer par-dessus. La pierre mentionnée dans ce verset n'est pas n'importe quelle pierre – c'est une pierre de seuil. Il est question ici de la protection des anges qui garantit que la pierre angulaire n'est pas profanée – pour qu'elle ne devienne jamais un 'miphtan', un seuil profané par Python. Il est question de la promesse de Dieu qu'Il enverra Ses armées pour que nous ne placions même pas par accident notre pied de manière à dire 'non' à Son alliance.

Donc, lorsque l'ennemi a amené Jésus au sommet du temple, c'était l'arrière-plan. Le tentateur suggérait : 'Allez Jésus, teste cette situation. La Parole de Dieu dit qu'Il 'enverra Ses anges à la rescousse pour s'assurer que Ton alliance avec Lui demeure intacte.'

Waouh ! L'ennemi a pris un gros risque. Il a élevé les enjeux à un niveau presqu'inconcevable. Et il ne pouvait pas être certain du résultat. Ou alors peut-être qu'il pensait qu'il pouvait en être certain. Le livre des Juges est plein d'exemples types classiques des fins décevantes de ceux qui ont manipulé les alliances de seuil à leur avantage. Et c'est ce que l'ennemi demandait à Jésus de faire – pas de rompre l'alliance avec Dieu, juste de la contourner un tout petit peu.

Que ce serait-il passé si Jésus avait fait exactement ce que l'ennemi voulait et s'était jeté des hauteurs du temple ? Examinons donc les conséquences incluses dans les si mentionnés ici.

Supposons que les anges l'aient attrapé et relevé pour qu'Il se pose doucement sur le sol. Alors parce que cette décision d'enjamber (*pass* over) l''eben ha-shetiyah' était instiguée par l'ennemi, Jésus aurait eu une alliance de seuil avec Dieu et également un accord avec l'ennemi. *En même temps.* Mais Dieu n'a jamais permis ce type de compromis impie à n'importe quelle période dans l'histoire du salut.

Donc il est fortement probable que les anges ne l'auraient pas attrapé pendant qu'Il tombait. Qu'Il se soit tué ou non, l'ennemi aurait obtenu une victoire de proportions inimaginables. Parce que Jésus aurait 'heurté son pied contre une pierre', ce qui signifie qu'Il aurait rejeté une alliance avec Dieu – Il aurait traité avec dédain l'opportunité d'être un avec Dieu. Et Il aurait tourné le dos à l'appel de Dieu sur Sa vie.

D'autre part, la pierre qu'Il aurait heurtée aurait été la pierre angulaire du temple.

L'ennemi aurait donc triomphé : au lieu de régner uniquement sur le monde (Jean 12:31), il régnerait sur l'ensemble du cosmos créé.

*'Soumettez-vous donc à Dieu. Résistez au diable, et il fuira loin de vous.'*

Jacques 4:7 LSG

*Résistez.*

C'est ce que Jésus a dit lorsqu'il a été confronté à Python.

Pour plusieurs croyants, résister signifie connaître les Écritures suffisamment bien pour tenir ferme face aux attaques de l'ennemi. Connaître la Bible, c'est fantastique – mais ça ne suffit pas. En effet, lorsqu'on nous conseille de nous tenir sur la Parole de Dieu et la citer au diable pour qu'il s'enfuie, on nous offre là le mélange le plus impie de vérité et de mensonges qui puisse exister.

Examinons les raisons pour lesquelles je dis cela. Lorsque Jésus était au sommet du temple et que l'ennemi était en train d'essayer de Le persuader de se jeter en bas, Il répondit avec ce verset : « *Tu ne tenteras point le Seigneur, ton Dieu.* » (Matthew 4:7 LSG)

Alors Jésus fit un choix à ce moment-là. Il choisit de citer Deutéronome 6:16. Mais ce n'est en aucun cas une règle universelle. Dans Malachie 3:10, Dieu nous invite à Le mettre à l'épreuve. De plus, Ésaïe fit un reproche au roi Achaz parce qu'il refusait de mettre Dieu a l'épreuve.

> *'Demande pour toi un signe à l'Eternel, ton Dieu ! Demande-le, que ce soit dans les plus extrêmes profondeurs ou les lieux les plus élevés.'*
>
> *Achaz répondit : « Je ne demanderai rien, je ne provoquerai pas l'Eternel. »*
>
> *Ésaïe dit alors : « Ecoutez donc, membres de la dynastie de David ! Est-ce trop peu pour vous de fatiguer les hommes, pour que vous abusiez encore de la patience de mon Dieu ? Voilà pourquoi c'est le Seigneur lui-même qui vous donnera un signe... »*
>
> Ésaïe 7:11–14 SG21

Et bien-sûr, il y a Gédéon. Alors si ce que Gédéon avait fait en demandant plusieurs signes et leurs contraires en rapport avec la rosée et des toisons n'était pas une mise à l'épreuve répétée de Dieu, je ne sais pas ce qui pourrait constituer une mise à l'épreuve.

Il est clair qu'il n'y a pas d'interdiction totale de tester Dieu. Alors, comment faire pour savoir quand c'est acceptable et quand ça ne l'est pas ?

La réponse est simple : il faut Lui demander personnellement. Il faut Lui parler et Lui demander si vous êtes dans une situation semblable à Deutéronome 6:16 ou Malachie 3:10. Ou quelque chose de complètement différent.

En d'autres termes, il faut nourrir une relation avec Lui. C'est la clé sur laquelle les choix de Jésus étaient fondés : Sa relation avec le Père était telle qu'Il savait quelle option sélectionner parmi un éventail de passages bibliques.

Jésus ne comptait pas uniquement sur Sa connaissance des Écritures pour résister au diable. Ce n'est qu'une partie de l'histoire. L'autre partie était Sa relation avec Dieu. C'est Son union aimante avec le Père qui forcé le diable à abandonner.

**L'amour.**

En fin de compte c'est cela la réponse la plus simple pour vaincre Python. Jésus nous a montré l'exemple mais Paul l'a rendu explicite lorsqu'il a écrit aux Corinthiens.

**L'amour.** *'Si je parle les langues des hommes, et même celles des anges… mais que je n'ai pas l'amour … je ne suis rien…'*

Paul n'était pas le seul à confirmer cette solution. L'apôtre Jean nous a aussi dit que la réponse en ce qui concerne la clé pour vaincre Python était **l'amour**.

Dans cette première épître courte, il utilise le *'si'* emblématique de Python 22 fois à partir du verset 6 du chapitre 1 :

> ***Si*** *nous disons que nous sommes en communion avec lui tout en marchant dans les ténèbres, nous mentons et nous ne mettons pas la vérité en pratique…*
>
> ***Si*** *nous disons que nous n'avons pas de péché, nous nous trompons nous-mêmes et la vérité n'est pas en nous.*
>
> ***Si*** *nous confessons nos péchés, il est fidèle et juste pour nous les pardonner, et pour nous purifier de toute iniquité.*

Jean ne l'exprime pas tout à fait de la sorte, mais nous pouvons résumer ses paroles ainsi : si nous restons complices de Python, nous nous trompons nous-mêmes si nous pensons que nous sommes également sous la protection de Dieu. Si nous accusons les autres et refusons de reconnaître que nous avons toujours eu le choix lorsque nous nous sommes retrouvés devant un seuil, nous ne nous libérerons jamais de l'étreinte étouffante de Python.

Toutefois si nous choisissons toujours l'amour, nous verrons que parfois Dieu nous accorde le type de miracles que Paul et Silas ont vécu en sortant de prison libres et quittes. Lorsqu'il a été confronté aux conséquences de l'affrontement avec Python, Paul ne s'est pas plaint, disant, 'Si seulement j'avais laissé cette esclave tranquille.' Silas n'a pas blâmé Paul : 'Si seulement tu t'étais tu, mon pote.'

Non, ils ont chanté des louanges à Dieu.

C'est toujours un bon choix, parce que Dieu vient siéger au milieu des louanges de Son peuple. (Psaume 22:3) Si la solution pour vaincre Python est l'amour et que vous n'êtes pas sûr de ce qui correspond à l'amour dans une situation particulière, suivez la stratégie de Paul et Silas.

*Louez Dieu.*

Et lorsqu'Il vient siéger au milieu de vos louanges, demandez-Lui quelle est la meilleure façon d'être les mains et les pieds de Son amour parfait.

*'Après l'avoir tenté de toutes ces manières, le diable s'éloigna de lui jusqu'à un moment favorable.'*

Luc 4:13 SG21

Comme cela a été indiqué au préalable, Python n'est pas seulement un esprit des seuils, des portails et des débuts, il a également des droits légaux spécifiques dans ces situations. Il a la permission de Dieu de frapper nos choix – permission qui lui a été donnée dans le jardin d'Eden. Donc, puisque les Écritures ne peuvent pas être annulées (Jean 10:35), cette permission ne sera pas révoquée.

Donc Python *ne peut être lié*.

Je répète, Python ne peut être lié.

Dieu nous a accordé Sa protection contre Python mais Il ne nous donne pas la permission de le lier.

Jésus n'a pas essayé de le faire. Paul non plus.

Je crois que l'esprit de Python a un statut similaire au statut de Léviathan, donc vous pouvez essayer de le lier une fois mais, comme le disent les Écritures, vous n'essayerez pas deux fois (Job 41:8). J'en tire la conclusion suivante : n'essayez même pas la première fois.

Alors bien-sûr, Python peut être chassé hors des personnes possédées par lui, mais il ne peut pas être chassé des situations.

Je répète également cette phrase. Python peut être chassé hors des personnes possédées par lui, mais il ne peut pas être chassé des situations.

À Philippes, Paul a utilisé l'autorité que Dieu lui a donnée, associée à la foi, pour chasser Python du corps de l'esclave. Cependant, ce qui est décidément contestable, c'est de savoir s'il a demandé à Dieu la permission de le faire. *Paul, excédé, se retourna et dit à l'esprit :* « *Je t'ordonne, au nom de Jésus-Christ, de sortir de cette femme !* » (Actes 16:18 BDS) L'exaspération n'est pas normalement associée à l'approbation de nos requêtes par le ciel. Personnellement, je pense que Paul s'est rendu compte de son erreur avant d'arriver à Corinthe – donc il a tenté une meilleure méthode. Et alors que Dieu a transformé l'emprisonnement de Paul à Philippes en une bénédiction, qui sait combien d'autres personnes dans la ville auraient été sauvées si Paul et son équipe n'avaient pas été obligés de partir de manière si abrupte.

L'autorité n'équivaut pas à la permission. Pourtant, nous avons été entraînés à penser que c'est le cas : que l'autorité spirituelle confère automatiquement la permission divine. En fait, c'est tout le contraire. Si vous demandez à Dieu la permission de faire ou dire quelque chose et qu'Il vous l'accorde, vous avez forcément l'autorité requise. Mais lorsque vous utilisez cette autorité, supposant qu'elle équivaut à la permission, il est beaucoup trop facile de fonctionner en-dehors de la volonté de Dieu.

Cette question de l'autorité est particulièrement importante lorsqu'il est question d'esprits comme Python, Rahab et Léviathan. Python n'est *pas* un esprit maléfique ordinaire, un *démon,* comme ceux que Jésus a chassé à plusieurs reprises. On ne saurait trop insister sur ce point. Des mises en garde sont offertes tout au long des épîtres de Jude et de Pierre concernant comment traiter avec les anges déchus que plusieurs croyants négligent complètement. Je crois que l'esprit de Python est l'une des 'exousia', les *autorités ou puissances* – ces entités ayant un rang hiérarchique supérieur à celui des princes ou souverains mentionnés par Paul dans l'épître aux Éphésiens 6:12 et inférieures en rang aux dominations ou puissances du même verset.

Python est un potentat spirituel, pas un fantassin. D'après Tom Hawkins, il ne semble pas désirer s'incarner dans ou posséder des êtres humains, comme les démons le désirent. Cependant, il peut choisir de s'incarner à des fins particulières. Lorsque Jésus descend du Mont de la Transfiguration après avoir promulgué une alliance de seuil pour l'église ; Il rencontre un garçon possédé par un démon. Il *réprimande* le démon, le démon sort et Il dit à Ses disciples abasourdis : *'Mais cette sorte de démon ne sort que par la prière et par le jeûne.'* (Matthieu 17:21 NAS)

Ici Jésus montre l'exemple de l'attitude que Jude et Pierre nous encouragent à faire : demander au Seigneur de *réprimander* ce gardien de seuil. La prière et le jeûne font la différence – mais nous devons malgré tout être soumis à la direction du Seigneur. Il est vain de compter sur une formule ou une méthodologie pour vaincre Python. Il y a des lignes directrices à suivre, mais au bout du compte, elles indiquent ce qu'il ne faut *pas* faire, plutôt que ce qu'il faut faire. Ce qu'il faut c'est que Dieu vous communique une stratégie personnelle pour votre situation particulière.

Du fait qu'il est possible de chasser Python des corps des gens mais pas des situations, il reviendra. Lorsqu'il est parti après avoir tenté Jésus trois fois, ce n'était pas un départ définitif : c'était *'jusqu'à un moment favorable'.*

L'un de ces moments était quand Jésus s'est rendu à la Piscine de Bethesda où un homme attendait sa guérison depuis 38 ans. Jean raconte ce miracle au cinquième chapitre de son évangile. Les lecteurs modernes ne parviennent généralement pas à remarquer les indices qui auraient été flagrants pour l'auditoire ancien de Jean. Utilisant un procédé littéraire inspire par la poésie hébraïque,[18] Jean lie cette histoire à la trahison de Jésus par Pierre dans la maison de Caïphe. Tout au long du chapitre 19 de son évangile, la chute de Pierre est narrée avec des allusions répétées, autant manifestes et subtiles, aux seuils. Le point culminant de son reniement répété sur ce seuil est le moment où le coq chante.

Un coq ne signifie pas grand-chose pour la plupart d'entre nous. Mais pour les gens des temps anciens, ce n'était pas seulement le héraut de l'aube – un gardien du seuil dans le monde naturel – il était sacré pour Asclépios. En liant l'histoire de la guérison de l'homme de la Piscine de Bethesda avec celle du reniement de Pierre, Jean a laissé un indice pour le lecteur avisé du premier siècle, indiquant que ce n'était pas un endroit approuvé par le temple. C'était un autel dédié à Asclépios.

L'archéologie de l'époque actuelle confirme cette supposition : c'était une colonnade avec cinq portiques *à l'extérieur* des murs de Jérusalem, près de la Porte des Brebis.[19] Il semble que c'était un autel dédié à Asclépios. Bien-sûr, *à l'intérieur* des enceintes de la cite sacrée, il aurait été impossible d'avoir une piscine dédiée à un autre dieu. Mais *à l'extérieur* des murs, les occupants romains de la Judée et les autres païens étaient libres de pratiquer leur propre religion sans inciter à la révolte.

L'histoire elle-même éveille des soupçons sur la nature de cet 'ange' qui agitait l'eau, qui semble être un ange déchu, pas le messager de Yahweh. Celui qui guérit Israël aurait-Il causé des conflits, l'hostilité et la jalousie alors que ceux qui se trouvaient dans la piscine se battaient pour être le chanceux qui entrerait le premier dans l'eau ? Aurait-Il causé une telle destruction de l'espoir pour tant de personnes ? Aurait-Il encouragé la manipulation et la déception alors que les malades se ruaient les uns sur les autres pour arriver à entrer dans la piscine ?

Celui qui guérit veut que tous soient entièrement guéris et restaurés. S'Il avait envoyé un ange agiter les eaux, tout monde serait guéri, pas juste une personne.

Donc il ne fait aucun doute dans mon esprit que, quand Jésus se rend à la Piscine de Bethesda, Lui et Python s'affrontent une fois de plus. C'est l'un de ces *'moments favorables'*. Python est présent sous la forme d'Asclépios, celui qui guérit.

Et que fait Jésus ? Cite-t-Il les Écritures, comme Il l'a fait dans le désert ? Au contraire, Il semble complètement ignorer Python et se concentrer sur l'homme qui était malade.

> *Jésus le vit couché et, sachant qu'il était malade depuis longtemps, il lui dit : « Veux-tu être guéri ? »*

> *L'infirme lui répondit : « Seigneur, je n'ai personne pour me plonger dans la piscine quand l'eau est agitée, et pendant que j'y vais, un autre descend avant moi. » « Lève-toi, lui dit Jésus, prends ton brancard et marche. » Aussitôt cet homme fut guéri ; il prit son brancard et se mit à marcher.*
>
> Jean 5:6–9 SG21

Jean ne mentionne pas **l'amour** ici. Mais en fait, c'est de cela qu'il s'agit dans cette histoire. La victoire sur Python, sans le moindre signe en sa direction – entièrement grâce à l'amour.

Vous vous souvenez de mon collègue qui est allé à un parc de loisirs et n'a pas pu aller plus loin que l'avant-dernière marche menant au plongeoir ?

L'exemple classique d'une personne qui est également arrivée à l'avant-dernière marche puis s'est arrêtée sur la dernière marche est Simon Pierre. Il est arrivé jusqu'à la maison de Caïphe mais n'a pas pu faire ce dernier pas qui consistait à dire qu'il connaissait Jésus.

L'histoire de l'ennemi le criblant comme le froment est narrée dans Jean 18. Cette histoire est pleine de mots que, au premier siècle, le lecteur grec ou hébreu aurait immédiatement reconnu comme faisant allusion aux seuils. Plusieurs petits détails qui ne sont pas strictement nécessaires à l'intrigue, semblent avoir été inclus spécifiquement pour mettre l'accent sur le fait que c'est en cet instant que Simon Pierre a été invité à entrer dans sa vocation et gravir les marches menant vers le seuil – tout cela pour être complètement pulvérisé par Python.

Ces détails incluent la mention répétée du portier parce qu'il est initialement interdit d'accès. Un autre détail est le fait qu'un des serviteurs du souverain sacrificateur gifle Jésus avec la paume de sa main. De tous les affronts faits à notre Sauveur, pourquoi celui-ci qui est relativement insignifiant est-il mentionné ? Je crois que c'est pour souligner le fait que ce passage est lié aux seuils : un mot qui signifie *pierre angulaire* – c'est-à-dire la *pierre de seuil* – est dérivé du mot qui signifie la *paume de la main*. C'est également le cas pour le nom *Caïphe*. C'est également le cas pour *Céphas*, le nom hébreu apparenté au nom de Pierre.

Sur le seuil vers notre véritable vocation, un sacrifice doit être offert. À cause de la peur, l'un des choix que nous faisons souvent sur les seuils est d'offrir l'honneur de Dieu en sacrifice. C'est ce que Simon Pierre a fait lorsqu'il se tenait près du feu. Il a déshonoré Jésus en refusant de Le reconnaître comme son rabbi.

C'est un autre feu, sur un autre seuil, quelques semaines plus tard, que Pierre a eu l'opportunité de réaffirmer cet honneur... Et devinez quoi ? Oui, cette conversation tourne complètement autour de la seule manière de vaincre Python : **l'amour**.

*Après qu'ils eurent mangé, Jésus dit à Simon Pierre : « Simon, fils de Jonas, m'aimes-tu plus que ne m'aiment ceux-ci ? »*

*Pierre lui répondit : « Oui, Seigneur, tu sais que je t'aime. »*

*Jésus lui dit : « Pais mes brebis. » Il lui dit pour la seconde fois : « Simon, fils de Jonas, m'aimes-tu ? »*

*Pierre lui répondit : « Oui, Seigneur, tu sais que je t'aime. »*

*Jésus lui dit : « Pais mes brebis. » Il lui dit pour la troisième fois : « Simon, fils de Jonas, m'aimes-tu ? »*

*Pierre fut attristé de ce qu'Il lui avait dit pour la troisième fois : « M'aimes-tu ? » Et il lui répondit : « Seigneur, tu sais toutes choses, tu sais que je t'aime. »*

*Jésus lui dit : « Pais mes brebis. »*

Jean 21:15-17 LSG

Les nuances de cette conversation ne sont pas très claires en français. Jésus demande à Pierre s'il L'aime d'un amour sacrificiel (agápē) et Pierre répond honnêtement que son amour est un amour amical (phileo). Jésus demande encore et Pierre répète sa réponse. Donc la troisième fois, Jésus demande à Pierre s'Il l'aime comme un ami.

N'est-ce pas rassurant que Jésus nous rencontre là où nous en sommes et qu'Il est prêt à nous prendre par la main et nous porter par-dessus le seuil ?

Le seuil : la dernière marche, le premier échelon, le jour final, l'introduction, la porte ouverte vers un nouveau départ, la fin d'une ère, le début d'une autre, une délimitation, une frontière, une limite.

Quelle que soit la nature d'un seuil, il n'est pas nécessaire d'avoir un diplôme en science de pointe pour identifier les symptômes d'une alliance de seuil covenant accompagné par l'activité de Python.

Deux frères originaires de Syrie, et leurs épouses et leurs enfants, attendaient depuis presque quinze ans d'immigrer aux États-Unis. Des réfugiés de la guerre civile qui étaient également des Chrétiens orthodoxes à qui on avait promis un statut prioritaire en tant que minorité persécutée, ils s'étaient enfuis en passant par le Liban avec pour toutes possessions seize valises. Les membres de leur famille vivant aux États-Unis, Sarmad et Sarah Assali, se sont assurés que leurs cartes de résident et leurs visas avaient été approuvés et qu'une maison les attendait à leur arrivée.

Ils étaient finalement arrivés à la dernière étape – les familles avaient quitté Beyrouth sur un vol en direction du Qatar en route vers l'Amérique. Pendant qu'ils étaient dans les airs, le Président Trump signa un décret limitant l'entrée aux États-Unis pour les citoyens syriens. Bloqués à l'aéroport, ils n'étaient pas autorisés à contacter les membres de leurs familles. Donc, stoppés par leur anglais limité et le silence auquel ils étaient confrontés concernant leurs droits, ils furent obligés de prendre le prochain vol retour disponible.

L'**étranglement** est évident, ainsi que le **silence**. Il y a également un gaspillage (bien que ce ne soit pas à strictement parler – du moins à ma connaissance – l'activité de Python, mais plutôt celle de son allié, Rachab). L'**intimidation** et la pression les poussant à faire un **sacrifice** et à s'éloigner du seuil sont impliqués dans la rencontre avec les agents d'immigration.

Il y a d'innombrables histoires, dont plusieurs sont bien plus tragiques. La jeune fille impliquée dans un accident mortel sur un manège secondaire le premier jour après la fin de sa formation dans un parc d'attractions. L'homme qui, avec son fils, est devenu invalide à la suite d'un accident en route pour recevoir le premier prix d'un concours international d'écriture de romans. L'étoile sportive montante qui a été heurtée par un conducteur ivre le jour de l'an et a subi des lésions cérébrales. L'homme qui, après s'être efforcé pendant quinze ans de maîtriser les subtilités du droit du patrimoine pour distribuer un héritage selon les vœux de son ami et qui, finalement, à quelques heures de la fin du processus, reçoit un message d'un avocat cherchant à remettre en question les dispositions du testament.

Toutes les semaines j'entends des anecdotes concernant des personnes qui sont sur le point d'avoir un nouveau départ ou une percée importante qui sont soudain pris dans les spires de Python, de manière inattendue. Parfois, je me retrouve même incluse dans les histoires d'autres personnes. Parce que je suis membre de groupes d'écritures chrétiens et laïques, pendant près de quarante ans, j'ai vu plusieurs personnes saboter leurs chances sur le seuil de la publication. Mais elles n'écoutent pas. Elles pensent que l'appel de Dieu les protègera.

Pourtant, que ce soit des choses simples comme des fautes d'orthographe dans la première phrase (le moyen le plus sûr de garantir que son manuscrit soit immédiatement rejeté – les éditeurs ne peuvent pas lire des milliers de manuscrits reçus chaque année ; ils rejettent souvent un livre après avoir lu la première phrase) ou ne pas prendre la peine de vérifier le contrat (parce que sûrement la maison d'édition spécialisée dans les livres chrétiens serait moralement irréprochable !), ou encore payer des dizaines de milliers pour la publication d'un livre (alors qu'il ne rapportera que des milliers), les traces de Python sont partout.

Un ami à moi m'a entendu poser des questions sur l'étranglement et le gaspillage : je posais des questions pour évaluer combien de croyants sont affectés par Python. Au début – de manière plutôt naïve – je pensais que c'était rare. Lorsque j'écrivais *God's Pageantry*, j'avais même l'impression que Jentezen Franklin et son église avaient vaincu Python mais qu'il ne comprenait pas vraiment ce que c'était que d'être pris entre ses griffes pendant des décennies. J'ai présumé qu'à cause de sa lignée générationnelle, les choses se sont bien passées pour lui. Cependant, mes doutes persistants sur les conséquences de ses choix sur la banque et la communauté au sens large m'ont menée à continuer à explorer les stratégies de Python. Pendant cette période, mon amie m'a dit, 'Je ne crois en rien de tout cela. Je prêche et j'enseigne sur ce sujet. Ce n'est pas vrai, tout simplement. Si tu connais ton autorité et que tu l'exerces dans les limites de la juridiction qui nous a été donnée par Dieu, les esprits comme Python et Léviathan sont comme la poussière sous tes pieds.'

Puis elle décida d'écrire un livre. Cela prit un certain temps mais elle finalement elle dit, 'Tu pourrais avoir raison à propos de Python, en fin de compte. Je n'ai jamais expérimenté quelque chose comme ce qui se passe. Je me suis aussi rendue compte qu'auparavant je n'avais jamais dit, "C'est ma vocation." Je sens que Dieu veut que j'écrive ce livre et ce que je vis est très différent de tout ce que j'ai vécu jusqu'ici.'

Comment savoir si vous êtes frappés par Python ? Eh bien, j'espère qu'à présent, les histoires racontées tout au long de ce livre vous auront donné une idée précise du type de problème qui a lieu lorsqu'on subit ses frappes.

C'est ce que Jésus a dit lorsqu'il a été confronté à Python. Le symptôme le plus évident d'une attaque de Python est : vous expérimentez un **étranglement** grave chaque fois que vous essayez de vous engager dans la vocation que Dieu a placé sur votre vie. Alors que vous tentez de franchir le seuil vers votre destinée, vous êtes étouffé sur un ou plusieurs de ces plans : finances, temps, ressources, personnel, relations, circonstances personnelles, santé, capacité physique, apparence, réseaux sociaux, qualifications éducatives, documentation requise, information.

Tout votre monde personnel est écrasé, étouffé, mis sous pression, écrasé, serré, réprimé.

En réalité, les décisions de votre passé et les 'si' du moment vous ont rattrapé.

# *Prière*

Je réaffirme mon engagement envers Toi – Yahweh Nissi, Seigneur ma Bannière, Seigneur mon Époux, Seigneur Défenseur de mon alliance, Seigneur qui m'accorde des Miracles. Je reconnais Jésus comme mon Sauveur personnel ; je renonce à, et je révoque, toute alliance que j'ai avec Python à cause des transactions ancestrales ou à cause de mes propres sacrifices sur les seuils.

Quand j'ai été complice de Python, je T'ai déshonoré. Pardonne-moi. Quand j'ai offert les autres en sacrifice, les empêchant d'avancer vers leur appel, je T'ai déshonoré et je me suis déshonoré(e). Pardonne-moi. Quand j'ai renié ma propre intégrité, j'ai renié Ta vérité et sacrifié mon propre honneur. Pardonne-moi.

Pardonne-moi pour toutes les manières dont, consciemment ou inconsciemment, je me suis rangé(e) du côté de Python contre Toi. Pardonne-moi pour les fois où j'ai oublié que ce n'est pas ma foi qui me portera par-dessus le seuil, mais uniquement la foi en Jésus alors que je tiens le bord de Son vêtement.

Abba Père, aide-moi à être conscient(e) que la bataille a déjà été remportée et que Jésus a déjà offert le sacrifice requis pour que je franchisse le seuil vers ma vocation.

Rappelle-moi lorsque Python m'assaille, de dire, 'Que le Seigneur te réprimande, Python. Jésus est mon sacrifice complet et suffisant. Aucun autre sacrifice n'est requis. Et si Tu vois les choses autrement, adresse-toi à Lui.'

Merci, Abba, de ce que tu chasses ma peur grâce à Ton amour et Tu me rappelles que, comme Jésus, je peux combattre des entités cosmiques puissantes par Ta grâce et en m'accrochant à Sa main.

Je Te demande, Yahweh Nissi, de me donner l'amour, la grâce, la sagesse et le courage d'accomplir tout ce que Tu m'as confié. Enseigne-moi ce qu'est l'amour dans chaque situation et, lorsque je suis tentée d'utiliser mon propre amour non racheté, non régénéré au lieu d'utiliser Ton agápē, cloue-le à la Croix de Jésus. Merci de ce que Son Sang permet de vaincre Python par l'amour.

Merci pour Ta bénédiction. Serre-moi tout contre Ton cœur. Au Nom de Jésus, Celui qui se tient à la porte et qui frappe. Amen.

# 4
# Python et le yoga

## Arpana Dev Sangamithra

Yoga. Le mot lui-même évoque des pensées de paix... ou de douleur, selon votre vécu. Excellent exercice. Idéal pour tonifier le corps. Des personnes souriantes et lumineuses qui utilisent parfois des mots mystérieux tels que 'l'univers' et 'être centré' etc. Parfois, elles ne tarissent pas d'éloges sur tout ce qui est bio, organique, végétalien, cosmique, lunaire et tout un tas d'autres termes New Age tendance. La majorité des gens aiment le yoga !

Et puis il y a des gens comme moi. Je voulais aimer le yoga... mais j'en étais tout simplement incapable. Pendant des années, un sentiment étrange s'élevait en moi et je voulais être à n'importe quel autre endroit que là où le yoga était pratiqué. Mes amis le pratiquaient – pour leur plus grand bien. L'un d'entre eux est même devenu un instructeur populaire. Je n'arrivais pas à comprendre cette hésitation – ou peut-être que je ne voulais pas la définir.

C'est plus facile de ne pas savoir. J'évite de connaître la vérité jusqu'à ce qu'elle m'affecte. Ensuite, je suis obligée de céder et m'asseoir pour avoir une conversation avec Abba.

Alors, au bout d'un moment, comme je le fais pour tout dans ma vie, je me suis tournée vers Dieu. Je Lui ai demandé, « Quel est le problème avec le yoga ? Et quel est le problème avec le yoga chrétien ? Est-ce qu'une telle chose existe ? Est-ce possible que ce soit simplement un exercice si, au lieu de chanter *Om*, je chante *Jésus* ? »

Je n'ai reçu aucune réponse directe. Au lieu de cela, c'était une série de révélations sur quelques mois … et ça continue. Récemment, j'ai eu plus d'une conversation avec d'autres chrétiens qui se posent des questions similaires sur le yoga. Alors je vais partager avec vous ce que j'ai appris.

J'ai organisé les points principaux de la manière la plus simple possible, avec des informations pertinentes. Il y a beaucoup de choses à dire, donc je vous encourage à essayer de discerner progressivement les liens entre certains mots et concepts.

Je crois pouvoir parler avec une certaine autorité sur ce sujet – je suis chrétienne, je suis indienne, j'étais hindoue, j'ai été danseuse de Bharatanatyam pendant plus de dix ans. La moitié de ma famille est toujours hindoue. Cette connaissance fait partie de mon ministère et de mon appel.

1. Le yoga est, sans l'ombre d'un doute, une pratique religieuse hindoue. Ses origines sont supposées être très anciennes. Certains suggèrent que cette

pratique remonte à cinq mille ans. Si cela s'avère être vrai, cela signifierait que le yoga date d'avant l'époque d'Abraham. Cependant, il est généralement accepté que les postures qui sont actuellement pratiquées sont beaucoup plus modernes. Qu'elles datent probablement de quelques centaines d'années.

2. La racine du mot yoga est le mot Sanskrit 'yuj', qui signifie littéralement *atteler, lier*. Au sens plus large, ce mot signifie atteler à un esprit. Parfois cela indique une union, discipliner, *subjuguer* au sens de *subjuguer le corps et l'esprit*. En effet, le mot *subjuguer* lui-même signifie *faire plier sous le joug*. Alors le mot Sanskrit yoga n'est pas le seul à avoir comme racine le mot 'yuj'. La racine du mot anglais *yoke* (joug) est également 'yuj'. De ce fait, les deux mots *yoke* et *yoga* sont interconnectés.

Sur le plan spirituel, la discipline du yoga et sa promesse de procurer la paix sont en contraste direct avec le réconfort et le repos offerts par Jésus : « *Venez à moi, vous tous qui êtes fatigués et chargés, et je vous donnerai du repos. Prenez mon joug sur vous et recevez mes instructions, car je suis doux et humble de cœur ; et vous trouverez du repos pour vos âmes. Car mon joug est doux, et mon fardeau léger.* » (Matthieu 11:28–30 LSG)

3. Le yoga est mentionné dans les anciens textes hindous tels que le *Rig-veda*. Il est aussi mentionné dans le *Bhagvad gita*, l'un des textes hindous les plus

vénérés. Le yoga est fondamentalement religieux de nature ; il s'agit essentiellement d'une discipline spirituelle, pas une méthode d'exercice physique.

L'étude du yoga est appelée yoga-sutra. Le mot 'sutra' signifie fil. L'étymologie du mot est dérivée d'une langue encore plus ancienne que le sanskrit : le pali. Non seulement cette langue est la langue originelle du sous-continent indien, mais elle est également celle du bouddhisme. Les racines des mots, 'syū' et 'sū' sont connectées avec *lier* ou *coudre*, et renvoient au *fil* et à *l'aiguille* – ces objets qui cousent et maintiennent d'autres objets ensemble. Contextuellement, le sutra est un texte qui contient des règles, un manuel. (Vous vous souvenez du 'kama-sutra' ? C'est un manuel dédié au 'kama' ou désir sexuel). Ces racines de mots, 'syū' et 'sū', sont aussi la base du mot anglais, 'suture', qui signifie la *couture chirurgicale d'une plaie*.

Il a également été avancé que 'syū' et 'sū' sont, mystérieusement, la racine du mot *hymne*.[20] Si cela s'avère vrai, cela suggèrerait que les hymnes nous connectent avec Dieu – et peut-être y a-t-il plus qu'une part de vérité dans cette idée puisque, comme le dit le Psaume 22:3, Dieu siège au milieu des louanges de Son peuple.

4. Le mot *lier* ou *relier* dans le contexte du yoga-sutra s'entend comme se référant à un individu qui essaie de se concentrer entièrement et sans porter son attention sur autre chose. Le but d'une

telle concentration sans réserve est de canaliser leur conscience vers un être supérieur. En d'autres termes, la *méditation*. Vous vous dites peut-être, d'accord. Cela semble être une bonne chose. La Bible nous commande de méditer sur les promesses de Dieu, sur Son salut manifesté par Ses actes d'antan, sur Sa Parole sainte. Ce n'est pas une bonne chose ! La méditation biblique est totalement différente de la méditation du yoga, de l'hindouisme ou du bouddhisme.

5. Lier contient pratiquement les mêmes subtilités dans les Écritures hébraïques que dans la discipline du yoga. Dans les deux cas, il est question de se lier à un esprit. Ce qui fait la différence, c'est bien-sûr l'esprit auquel nous nous lions.

    *Espère en l'Éternel ! Fortifie-toi et que ton cœur s'affermisse ! Espère en l'Éternel !* dit le Psaume 27:14 SG21. Le mot 'qavah', qui se traduit *attends* dans l'écrasante majorité des versions anglaises, signifie également *lier*. Donc ce passage peut être traduit : *Lie toi à l'Éternel ; fortifie-toi et que ton cœur s'affermisse ; lie-toi à l'Éternel !* [21]

6. Un aspect important du yoga est l'idée des *chakras*. Un chakra est simplement une roue, mais dans ce contexte, les sept (oui, sept !) chakras sont censés être les sept principaux nœuds énergétiques présents dans une personne. Il y a plusieurs autres chakras et certains sont cachés. Chaque chakra représente une énergie différente. Les philosophes

occidentaux ont pris cette conception et l'ont réinterprétée pour qu'elle soit compatible à la fois avec la médecine et les tempéraments, et ils ont essentiellement réorganisé l'idée pour la rendre plus acceptable. Des penseurs comme Carl Jung ont utilisé cette idée pour expliquer la personnalité et développer des théories psychologiques, tandis que d'autres comme Deepak Chopra, l'ont rendue encore plus populaire.

7. L'énergie provenant de ces nœuds est censée circuler dans le corps par les nerfs. Donc, le système nerveux est impliqué.

8. Chaque chakra a une signification dans la religion hindoue. Il est possible de tracer un lien entre pratiquement chaque aspect de ces roues et le monde spirituel. Ces roues de l'esprit, bien-sûr, rappelle la description des chérubins dans la vision d'Ézéchiel selon sa description aux chapitres 10 et 11 de sa prophétie. Et n'oubliez pas que Python est un chérubin déchu – une autre contrefaçon des œuvres de Dieu et des modèles divins.

9. Celui qui se trouve au sommet de la tête, le *'chakra coronal'*, est associé au cerveau et au système nerveux, ainsi que la cognition et la conscience. Ce chakra est censé être celui qui contient la sagesse et l'aptitude à se connecter avec la 'conscience supérieure sans forme, sans limites, l'extase, la félicité et la divinité'. Dans l'hindouisme et le bouddhisme, cela se situe en chaque personne, en

soi. C'est cela l'origine de l'expression 'devenir un avec soi'.

10. Le chakra qui est situé au niveau du bassin, à proximité du coccyx, est appelé le *'mooladhara chakra'*. 'Mooladhara' signifie *la source/racine même, le fondement, la fondation de l'identité.* Ce terme est composé de deux mots – 'moola' (*le premier, le fondement*) et 'adhara' (*identité*). Ce chakra fondamental est lié à l'instinct et à la survie. Je ne cite habituellement pas wiki, mais le site offre l'une des descriptions les plus complètes que j'ai vu jusqu'ici. Wikipédia dit que sur le plan physique, le mooladhara régit la sexualité, sur le plan mental il régit l'équilibre psychologique, sur le plan émotionnel il régit la sensualité, et sur le plan spirituel il régit un sentiment de sécurité. C'est là que le *'kundalini'* reste à l'état latent.

11. Le kundalini est le 'shakti' le plus primal (c'est-à-dire, *énergie* ou *force*). Le kundalini est la force inconsciente, sexuelle, instinctive et serait lié à la déesse mère ou l'énergie mère, 'aadi parashakti' (c'est-à-dire, *la première énergie ou l'énergie globale.*) Le kundalini est représenté par un serpent qui dort ('-lini' de 'linde', *serpent*) qui est enroulé à la base de la colonne vertébrale.

12. Le serpent kundalini – oui, Python, son autre nom – est enroulé trois fois autour du 'swayambu lingam'. 'Swayambu' signifie *auto-manifesté*. Le 'lingam' est simplement un *pénis*. C'est un symbole phallique.

Vénéré par ses fidèles, il est utilisé pour représenter le dieu hindou appelé Shiva – une divinité qui est à la fois bienfaitrice et destructrice. En fait, le destructeur.

13. Réveiller le serpent kundalini, qui est enroulé trois fois autour de ce symbole phallique auto- manifesté, mène prétendument à une profonde méditation, à l'illumination et à la félicité. Lorsque le kundalini est éveillé, et/ou invoqué, l'énergie kundalini est censée circuler à travers les nerfs et le reste des chakras pour se connecter au chakra coronal et finalement à 'l'être suprême' – dans ce cas, Shiva.

14. Shiva est l'un des dieux de la sainte trinité de l'hindouisme. Ce personnage est un ascète, et il passe la plupart du temps méditant assis. Son image est parée de serpents – des serpents kundalini. Le serpent principal est un cobra noir. Il est enroulé trois fois autour de son cou et également autour du lingam ou le pénis. Le pénis est représenté ici par une souche ou une pierre sur le sol – aucune image de l'anatomie masculine n'est utilisée. On peut dire que c'est une grâce !

15. Le kundalini est invoqué ou éveillé par la pratique du kundalini yoga et le plus populaire hatha yoga. Le mot hatha a plusieurs significations et peut être interprété de plusieurs manières. L'une des significations de 'hatha', prononcé haTa est *l'entêtement*, ou *l'obstination*.

16. 'Om' est le son, le mantra ou le chant le plus sacré dans l'hindouisme, le bouddhisme, le jaïnisme, et

le sikhisme. On dit que lorsqu'on le chante, c'est la même fréquence que tout ce qui existe dans la nature. Cet exercice de respiration est plus profond qu'il le paraît. Si on regarde de près le mot *souffle* dans les Écritures, *L'Eternel Dieu forma l'homme ... il souffla dans ses narines un **souffle** de vie et l'homme devint un être vivant,* on découvre que Dieu donne la vie en nommant. L'utilisation de 'om' comme exercice de respiration a pour but de remplacer le nom de Dieu dans la vie d'une personne par le nom d'un autre dieu.

17. Les postures de yoga ne sont pas innocentes. La première posture après le chant habituel du 'om' – une invocation de la 'conscience supérieure' (et non le Dieu créateur qui s'est révélé Lui-même en Jésus) – est le 'surya namaskara' ou *salutation du soleil.* À travers cette posture, tout votre esprit, corps et âme salue le dieu soleil. Aussi simple que ça. Vous pouvez chanter Jésus autant que vous voulez, cela ne changera rien au fait que vous êtes en train d'adorer le soleil avec votre corps. (Et, ce n'est pas une surprise, si nous nous tournons vers la Méditerranée un instant, que Python soit lié à Apollon, l'un des dieux soleil à la fois du panthéon grec et romain.)

18. La position du lotus est un exemple classique de distorsion, qui inclut le kundalini. La posture est également appelée la 'position assise en tailleur' ou de 'style indien' – et pourtant... elle ouvre votre bassin. C'est une position profondément sexuelle.

Selon le 'mudra' ou *geste de la main* utilisé, soit vous vous connectez à la conscience suprême à travers votre chakra coronal, soit vous invitez la conscience suprême à avoir une relation sexuelle avec vous dans le monde spirituel. C'est ainsi que le chakra frontal est activé. Un fois de plus, cela remonte à Shiva parce qu'il a un troisième œil sur son front.

19. 'Shavasana' ou la posture du cadavre est celle où on reste allongé immobile comme un cadavre ou 'shava'. C'est une façon d'invoquer la mort. Et ainsi de suite... chaque posture du yoga a une signification beaucoup plus profonde que ce qu'il semble à première vue !

20. Finalement, j'aimerais mentionner 'namaste'. La traduction de ce mot est : *Je reconnais le divin en toi et je m'incline devant lui.*

    La Bible est très claire. Romains 12:1-2 LSG dit, *'Je vous encourage donc, frères et sœurs, par les compassions de Dieu, à offrir votre corps comme un sacrifice vivant, saint, agréable à Dieu. Ce sera de votre part un culte raisonnable. Ne vous conformez pas au monde actuel, mais soyez transformés par le renouvellement de l'intelligence afin de discerner quelle est la volonté de Dieu, ce qui est bon, agréable et parfait.'*

Nous devons garder nos corps purs et saints. C'est très simple !

En résumé : le yoga n'est pas – de quelque manière que ce soit – sans danger. Pratiquement toutes les postures du yoga, ainsi que celles de la danse classique indienne, sont destinées à ouvrir l'esprit et le corps au monde spirituel. Il en est de même pour le reiki et toutes les thérapies parallèles New Age… y compris les bols tibétains. Je le sais d'expérience… je pratiquais la danse classique indienne.

L'ouverture d'esprit doit être unidirectionnelle : nous devons être ouverts au Saint Esprit plus qu'au monde qui nous entoure. Il nous dira lorsque nous faisons quelque chose qui n'est pas prudent ou raisonnable. Et à ce moment-là, il vaudrait mieux écouter, même si Ses instructions ne nous semblent pas plaisantes.

L'un des différenciateurs clé entre le christianisme et les autres religions est le fait de confier son 'moi' à Christ. Ce n'est pas faire le vide dans son esprit, mais plutôt laisser leSaint-Esprit vous guider dans tous les aspects de la vie.

Oui, Dieu nous a donné le libre arbitre mais il est erroné de dire qu'Il approuve tout ce que nous faisons de ce libre arbitre. Nous devons tout tester à la lumière des Écritures. La Bible n'indique nulle part que Dieu approuve nos décisions de nous ouvrir à d'autres esprits et énergies. Il n'est pas non plus scripturaire de vouloir une séparation entre l'Église et ce que nous faisons dans nos vies. Ses paroles sont éternelles et immuables. Et Il est immuable !

Je comprends que plusieurs personnes cherchent Dieu. Mais, pour trouver Dieu, il faut d'abord se défaire de toute fausse idée que ces personnes ont à propos de Dieu. Il a créé l'univers, mais l'univers n'est pas Dieu. Il y a une différence énorme entre adorer le Créateur et adorer ce qu'Il a créé.

Dieu est amour et Il a incarné l'amour pour expier les péchés de l'humanité. Mais Il est aussi un Feu dévorant ... Il n'a jamais toléré la dilution ou la falsification du message de Christ crucifié avec d'autres religions. Si vous pensez que Dieu ... l'unique vrai Dieu, accepte les théories religieuses qui se chevauchent, vous vous trompez.

Osée 4:6 SG21 nous donne un avertissement que nous ferions mieux de méditer : *Mon peuple est détruit parce qu'il lui manque la connaissance. Puisque tu as rejeté la connaissance, je te rejetterai : tu ne pourras plus exercer la fonction de prêtre pour moi. De même que tu as oublié la loi de ton Dieu, j'oublierai aussi tes enfants.*

Mais la solution existe déjà. Jésus de Nazareth – le Seigneur Lui-même.

Shalom, shalom !

# Prière

Yahweh Rapha, Tu es le Grand Médecin, Celui qui guérit. Je viens devant Toi et je confesse que je n'ai pas regardé à Toi comme mon premier refuge. Je me repens d'avoir manqué de Te chercher comme mon abri. S'il Te plaît pardonne-moi.

Tu as pourvu pour la guérison de tellement de façons diverses : par Ton intervention souveraine ; par la connaissance médicale et scientifique accordée aux professionnels et aux praticiens de la santé ; par la capacité merveilleuse du corps à se guérir. Pourtant, en arrière-plan de tout cela il y a Jésus, élevé pour nous guérir de toute maladie, de même que Moïse a élevé le serpent d'airain dans le désert. C'est véritablement par la puissance de la Croix de Jésus et par Ses meurtrissures que nous sommes restaurés.

Pardonne-moi, Seigneur, pour les fois où j'ai oublié cela. Pardonne-moi aussi pour les fois où j'ai transformé Tes dons les plus précieux en idoles, tout comme le serpent d'airain devint une idole. J'ai recherché Tes dons, et non Toi qui Donne. J'ai recherché Ta provision, et non Toi qui Pourvoit. J'ai recherché la guérison, et non Toi qui Guérit.

Pardonne-moi pour toutes les fois où je me suis hâté(e) de me tourner premièrement vers les autres solutions pour la santé et le bien-être et que je T'ai oublié. Je me repens de toutes les croyances et les activités qui ont fait une idole des dons que Tu m'as offert. Garde-moi toujours conscient(e) que Toi et Toi seul est la Source de la vie et du bien-être, des régimes alimentaires appropriés et des arts respiratoires, des compétences des praticiens de la santé, des propriétés bénéfiques des vitamines, des minéraux, des suppléments, des plantes, des huiles et des aliments.

Brise toutes les idoles dans ma vie et redirige-moi vers Toi en tant que Source de tous les merveilleux dons pour me soutenir et me nourrir — physiquement, émotionnellement, psychologiquement et spirituellement.

Je demande ces choses au Nom de Jésus de Nazareth, notre Sauveur, Celui qui nous Guérit et notre Seigneur. Amen.

# 5
# Python se fait mettre au tapis

Le serpent est le symbole le plus évident de Python. Lorsque Dieu nous envoie des rêves pour nous avertir qu'il y a une attaque imminente ou un siège en cours causé par cet esprit, il apparaît communément comme une sorte de serpent. Il peut de présenter comme un cobra ou une vipère, un aspic, une couleuvre ou un boa constrictor mais le message est essentiellement le même. Dieu nous alerte d'une manière qui est relativement facile à interpréter sur le fait que nous sommes sur le point d'affronter l'esprit de Python.

Cependant, le serpent n'est pas le seul symbole qu'Il nous envoie. Des nuances culturelles et nationales jouent également un rôle. Par exemple, il n'y a pas de serpents en Nouvelle Zélande. Le mot Māori 'whēke', *serrer* ou *écraser*, est lié à 'wheke', *pieuvre*. Donc, si vous êtes un Kiwi, une pieuvre peut être utilisée comme symbole de Python.

Plusieurs Australiens, autochtones et non-autochtones, sont susceptibles d'associer le Serpent arc-en-ciel à Python, mais mon opinion personnelle est que –

généralement parlant – il est plus étroitement lié au séraphin déchu, Léviathan. Pareillement, en Chine, le motif si répandu du dragon semble être une image de Léviathan plutôt qu'une image de Python. C'est une distinction importante parce que ces deux esprits ont des fonctions complètement différentes dans le monde spirituel. Ainsi, des stratégies totalement différentes sont requises pour les écarter.

D'autres symboles de Python incluent : le bâton de la profession médicale – avec ses serpents entrelacés d'Asclépios ; le coq ; la lettre E ; le mot si; le talon écrasé ou mordu ; le yoga et le kundalini qui lui est associé ; ainsi que divers personnages emblématiques de films déjà mentionnés comme Darth Vader.

De plus, un portail/une porte ou une entrée – particulièrement s'il/elle semble menaçant/e – indique la présence d'un gardien de seuil. La sentinelle à la porte peut ne pas être Python, l'esprit d'étranglement ; il se peut que ce soit plutôt Rachab, l'esprit de gaspillage. Ces esprits sont des alliés occupés à nous empêcher d'accomplir notre destinée.

En outre, il y a des nombres que Python veut réclamer.

Python a revendiqué le mot emblématique *SI* comme son symbole. Il réclame également comme siens quelques nombres spécifiques : 5 et 101. Dans la Grèce antique, les nombres n'étaient pas simplement des concepts abstraits utilisés pour effectuer des calculs ; ils avaient de profondes connotations religieuses. Le nombre qui était considéré le plus saint était dix, lorsqu'il était représenté ainsi :

C'est la tétractys – ou tétrakys – le nombre 10 disposé en un triangle.[22] Pythagore, le mathématicien qui vous a rendu la vie difficile au secondaire avec son théorème sur le carré de l'hypoténuse, considérait cette disposition comme une réalité transcendante. 'Tout est nombre' ou 'Dieu est nombre' était la maxime de la Fratrie qu'il avait fondée. Néanmoins il y avait des 'bons' et des 'mauvais' nombres, y compris un nombre qui était considéré comme une telle atrocité qu'on l'évitait à tout prix. D'autre part, le dix du tétrakys était vénéré comme la Divinité Manifeste, la source de la nature, le Nombre des Nombres, le Sens du Sens, le principe créateur, la Vérité fondamentale de l'univers, le cœur du Logos.

Jean, lorsqu'il commença son évangile par une proclamation du Logos, défia Python en défiant la philosophie pythagoricienne. Il s'assura que tout lecteur sous l'influence de cette religion, soit par le platonisme ou le gnosticisme, ne puisse pas confondre Jésus et la tétrakys. Il fit cela en construisant simplement sa phrase introductive avec 17 mots. Son utilisation de 17 pourrait nous pousser à hausser les épaules et nous demander 'et alors ?' dans l'indifférence totale, mais tout grec du premier siècle savait que 17 était 'l'atrocité' à éviter à tout prix. Dans la philosophie de la vérité et de la beauté qu dominait l'art, l'architecture et la littérature grecques, 17 était 'l'antiphraxis', *l'interposition* que les pythagoréens abhorraient.²³ Pour les lecteurs grecs de l'évangile de Jean, cette ligne introductrice était sans aucun doute une déflagration iconoclaste : unir le 17 méprisé et le nombre à la beauté exquise, le 'logos', était impensable.

Vous vous demandez sans doute : 'Quoi ? Le *logos* est un nombre ?' Oui, logos signifie à la fois *mot* et *proportion*. Lorsque le terme, 'LE logos', était utilisé, cela faisait référence au concept mathématique appelé le nombre d'or. Et ce n'est pas inadéquat que Jean ait utilisé ce double sens parce que le nombre d'or est la signature mathématique divine qui se trouve dans toutes les choses créées. Il est également présent tout au long du premier chapitre du livre de la Genèse, et notamment dans Genèse 1:1 où on le retrouve trois fois dans la structure mathématique sous-jacente.

Qu'entend-t-on par 'structure mathématique sous-jacente' ?

Il est important de comprendre qu'à l'époque de la Grèce classique ainsi qu'à l'époque de l'ancien Israël, il n'existait pas de caractères distincts pour les nombres comme nous en avons de nos jours. Les lettres étaient utilisées comme les composantes des mots et des nombres. Ainsi, chaque verset biblique – simplement parce que chaque lettre est également un nombre – dispose d'une structure mathématique sous-jacente.

On peut avoir l'impression que les mathématiques modernes se sont débarrassées de leur valeur religieuse en adoptant les formes des nombres du système indo-arabe. Elles ont divorcé de la notion grecque des nombres comme étant divins qui provenait des pythagoréens ainsi que de la mystique kabbaliste qui s'est développée dans les milieux hébraïques. Mais cela n'a pas été le cas. Le système indo-arabe a également émergé d'une philosophie religieuse – une si opposée au christianisme que son introduction à l'époque médiévale a été farouchement rejetée en Europe.

La notion de 'zéro' n'existait pas en Occident jusqu'à l'arrivée du système indo-arabe. Cette idée était enracinée dans le concept hindou et bouddhiste du nirvana. C'était considéré comme un concept diabolique par plusieurs personnes au Moyen-Âge – à bien des égards, ils prévoyaient le changement sociétal que son acceptation générale apporterait. La pression en faveur de son adoption est née du commerce. Mais les sages prévoyaient le résultat final : une fois que l'on dit que certains objets ne valent rien, il n'y avait qu'un petit pas à franchir pour appliquer cette notion aux personnes. À partir de là, il n'y a qu'un autre petit pas à franchir pour considérer les choses – et les personnes – comme valant moins que rien.

La vie était peut-être stratifiée par classe sociale au Moyen-Âge, mais tout le monde valait *quelque chose.* À cause de la défaite infligée à la lutte contre l'introduction du zéro, un fossé culturel de proportion époustouflante existe entre notre génération présente et l'époque médiévale. Nous sommes à l'autre extrémité d'un fossé philosophique dans lequel il est possible, en tant que société, de percevoir les autres, ainsi que nous-mêmes, comme ne valant *rien* ou *valant moins que rien*.

Mais pour en revenir à Python et à la Fratrie indirectement nommée en son honneur : ils dédaignent peut-être le nombre 17, mais par contre, 5 et 101 étaient des options alléchantes.

Le nombre 5 a été choisi simplement parce que les grecs l'écrivaient epsilon, E, qui avait déjà été revendiqué par Python Apollon parce qu'il était gravé sur l'omphalos à Delphes.

101 est plus complexe à expliquer. On ne sait pas grand-chose en fait sur la vie de Pythagore. Environ huit cents ans après sa mort, un catéchisme dédié à la religion pythagoréenne qui alliait les mathématiques et la magie fut écrit par Jamblique. *La vie de Pythagore* était un document contenant des questions et réponses sur la doctrine rendue célèbre par Julien, le neveu de l'Empereur Constantin. Julien tourna le dos au christianisme et, à son ascension au trône, il décida d'annuler les décrets de son oncle. Cependant, il pensait que Constantin s'était contenté d'adhérer à l'opinion du peuple en légalisant le christianisme – et pour éliminer le christianisme il faudrait bien plus qu'un décret impérial. Il envoya un message demandant conseil à

Python Apollon à Delphes et en plus, il promut plusieurs œuvres sur la philosophie pythagoréenne comme étant le fondement d'une alternative éthique au christianisme.

Le dernier oracle de la Pythie fut renvoyé à Julien :

> *'Dites-le à l'empereur, elle a croulé au sol la*
> *superbe demeure, Phoïbos ne possède même*
> *plus de cabane, plus de laurier prophétique,*
> *plus de source bavarde.*
> *Elle s'est tarie même l'onde bavarde.'*

Dans le catéchisme, *La vie de Pythagore*, il y avait cette séquence :

Question : Qu'est-ce que l'oracle de Delphes ?

Réponse : La tétractys. C'est aussi l'harmonie dans laquelle sont les Sirènes.

Jamblique dévoilait et cachait à la fois cette déclaration. La tétractys – ou tétrakys – était ces dix points organisés en un triangle qui était l'ultime symbole mystique des pythagoréens. Comme cela est mentionné quelques pages plus haut, il était considéré comme la Divinité Manifeste, la source de la nature, le Nombre des Nombres, le Sens du Sens, le principe créateur, la Vérité fondamentale de l'univers, le cœur du Logos.

Et en mentionnant le Logos, ils ne faisaient pas référence à Jésus de Nazareth. (Il y avait quelques exceptions – certains gnostiques semblent avoir considéré Jésus comme la réincarnation de Pythagore.)

Cependant, en disant que l'oracle de Delphes est la tétractys, Jamblique affirmait être le vrai dieu. Dans cette réponse énigmatique est cachée l'affirmation que Pythagore (sous la forme de Python Apollon ou peut-être Apollon Hyperboréen) est le créateur du cosmos. De plus, la remarque sur les Sirènes n'est pas juste un simple cliché. Les Sirènes étaient censées chanter chacune une note de la gamme musicale pythagoréenne et ainsi maintenir l'univers grâce à la Musique des sphères.

Alors, il y a des aspects de cette philosophie qui ne sont pas très différents des croyances judéo-chrétiennes. Les Hébreux croyaient que Dieu a créé l'univers par la parole/les mots. Essentiellement, l'alphabet était l'essence derrière la création. Mais parce que les lettres étaient également des nombres, des équations particulières étaient la force motrice de la création.

Stephen Hawking dans *Une brève histoire du temps* réfléchit sur le fait qu'il n'y a pas de raison que notre système de science et de mathématiques fonctionne au sens pratique et prédictif. « Qu'est-ce qui souffle un feu dans les équations et leur fait un univers à décrire ? » demanda-t-il.

La séparation entre la science et la religion de nos jours reflète cette ancienne partition entre les adeptes du Pythagoréanisme et du Christianisme. Python Apollon, dit le catéchisme pythagoréen, est le créateur et le soutien de l'univers. Ce n'est pas vrai, dirent les chrétiens. La bonne réponse c'est Jésus.

La musique a soutenu l'univers, dirent les pythagoréens. Et peu de gens connaissent un détail à propos des instruments à cordes qu'ils considéraient comme étant très important sur le plan religieux. Il est presqu'universellement reconnu que si une corde est deux fois plus longue qu'une autre, elles sont à une octave d'écart. Cette généralisation n'est pas tout à fait correcte. Pour obtenir une octave parfaite sur un instrument à cordes, il ne suffit pas de doubler la longueur de la corde. Il y a une toute petite différence de taille, qui équivaut à juste un peu plus que 101%. Cette différence est appelée le 'comma pythagoricien' ou 'comma diatonique'.

101 est un nombre que Python aimerait réclamer comme lui appartenant. Parce que s'il arrivait à nous convaincre que c'est le cas et que nous commencions à être d'accord avec lui, nous serions simplement en train de dire que Dieu n'est pas le soutien de l'univers.

Trop de croyants rejettent implicitement le fait que Dieu est le Créateur du cosmos en déclarant que le pentagramme appartient à l'ennemi ou aux personnes qui pratiquent la sorcellerie ou en le rejetant comme étant une obsession du mouvement New Age.

Qui a créé le pentagramme ? Qui a conçu les coupes transversales des pommes, des poires et papayes, la forme de l'étoile de mer et l'imprimé qui orne les clypéastres, les étoiles à pétales des anémones des prairies et de la bourrache, les renoncules, les primevères, les géraniums, les pensées et le nombre incalculable de variétés de fleurs ayant la forme de base du pentagramme ? L'ennemi ? Ou Dieu ?

Les mathématiques de base du pentagramme, le nombre d'or, sous-tendent Genèse 1:1. Par conséquent, dire que le pentagramme est d'origine satanique c'est croire à un mensonge. En fait – bien que cela n'ait sûrement jamais été l'intention des croyants qui disent ces choses – c'est nier que le Logos est le Créateur.

Réciproquement, les mathématiques de 101 sous-tendent l'épître de Paul aux Éphésiens. Immédiatement après la salutation initiale se trouve Éphésiens 1:3–14, qui est une phrase titanesque et complexe de 202 mots. Presqu'à la toute fin de cette épître se trouve Éphésiens 6:12–18 qui décrit l'armure de Dieu en 101 mots.[24]

Cette phrase de 202 mots est dominée par des idées sur le fait que Dieu soutient les chrétiens. L'armure de Dieu illustre le fait que Dieu protège la communauté chrétienne. Et l'une des caractéristiques spécifiques de cette armure protectrice est sa capacité à contrer Python.

Nous en avons l'assurance parce que le mot grec, 'belos', qui se traduit *dards* ou flèches envoyées par le malin se traduit *seuil*. Et pas n'importe quel seuil : un seuil profané. Un seuil dans lequel un voleur s'est introduit. C'est pratiquement l'équivalent parfait de 'miphtan', le mot hébreu qui décrit *un seuil bafoué par Python*.

Le rite d'initiation dans la Loge Maçonniques invoque Python de différentes manières. Le candidat est en pyjama, avec un bandeau sur les yeux et un nœud coulant autour du cou. Sa jambe gauche est retroussée et il porte une pantoufle et une chaussure, ou encore une pantoufle tandis que son autre pied est nu. Le côté gauche de sa poitrine est également dénudé, puis piqué avec une dague ou un compas.

Cette introduction dans la Loge a pour but premier **l'intimidation** – une tactique de Python. Il s'agit également bien-sûr de garder le **silence** sur ce qui est sur le point de se passer. Cette cérémonie a plusieurs aspects **ambigus** et liminaux. Le symbolisme évoquant le fait d'être sur une frontière/un seuil est évident : le candidat n'est ni complètement habillé ni nu, il n'est ni lié ni délié, ni libre ni esclave, il ne voit pas et n'est pas privé de vue, il n'est ni pieds nus ni chaussé.

Le retrait de la chaussure est censé avoir des origines bibliques. Lorsque Boaz devint le parent rédempteur de Ruth, il reçoit la sandale de quelqu'un d'autre comme indication de ses nouvelles responsabilités et la transmission des droits de succession. Cependant, c'est sans aucun doute loin d'être la seule raison. Une chaussure est ôtée et le pied est placé à l'intérieur de la peau d'un animal en tant que partie du rite d'adoption hemingr pratiqué par les Vikings.[25] En ce qui concerne Boaz et le rite scandinave d'adoption, la question est double – des questions d'héritage et être adopté au sein d'une famille. Dans les cultures de l'Extrême-Orient, lorsque l'on enlève ses chaussures pour enfiler des sandales, cela indique que l'on a franchi un seuil : les chaussures qui se portent à l'extérieur doivent être remplacées par ce qui est approprié pour l'intérieur. Cela peut être les pieds nus ou des pantoufles. L'espace à l'intérieur d'une maison, tout comme celui qui se trouve à l'intérieur du temple de Dieu, est un 'espace d'alliance'.

Paul souligne cette distinction dans sa description de l'Armure de Dieu. *Mettez pour chaussure à vos pieds le zèle que donne l'Évangile de paix.* (Éphésiens 6:15 ESV)

Malgré l'impression que donnent plusieurs traductions anglaises, la langue grecque n'a pas de mot pour *chaussures*. Le mot 'hupodeó' se traduit par *renfort inférieur* pour les pieds. Paul avait plusieurs options, des sandales aux bottes militaires, mais il choisit quelque chose qui est plus proche de nos chaussettes modernes qu'autre chose. Une fois qu'on se rend compte que l'Armure de Dieu nous est donnée, à nous, l'Église collective, pour franchir les seuils, nous en verrons le bien-fondé.

Lorsque Josué a franchi le seuil vers la Terre Promise et a ratifié l'alliance avec Dieu par la circoncision, il a rencontré le chef de l'armée de l'Éternel. Le chef de l'armée de l'Eternel lui répondit : « *Ôte tes sandales de tes pieds, car l'endroit où tu te tiens est un lieu saint.* » (Josué 5:15 BDS)

De même, au-delà du seuil dans le Parvis intérieur du Temple, les Lévites marchent pieds nus. La description écrite par Paul de l'armure que Dieu nous donne pour le combat spirituel n'a pas de sens tant que nous ne réalisons pas que c'est également un vêtement sacerdotal.

Le *nœud coulant*, ou *corde à nœuds* qui fait partie du rite d'initiation maçonnique, est la preuve la plus flagrante de toute cette cérémonie du fait que Python en fait partie.

Les fils d'Anak qui avaient tellement terrifié dix des douze espions envoyés pour explorer la Terre Promise s'appelaient Ahiman, Sheshai et Talmai. Ces géants, descendants des Nephilim, jouaient exactement le rôle de gardiens de seuil. Lorsque les douze espions sont arrivés à l'entrée d'Hébron, ils ont rencontré ces gardiens imposants et ils ont paniqué.

Regardons de plus près les noms indiqués dans ce dernier paragraphe : aux portes de la Terre Promise, alors qu'ils entraient dans Hébron, *le passage*, ils rencontrèrent les fils d'Anak, *l'étouffeur*, dont les noms étaient Talmai, *celui qui fait douter*, Ahiman, *mon frère est comme moi*, et Sheshai, *(sol en) albâtre*.[26] J'ai traduit Anak ci-dessus par *étouffeur*, mais parfois ce nom se traduit *collier*.[27] Mais parce que ce nom renvoie à *étrangler*, cela me semble fortement possible que le mot *'collier'* est une version aseptisée du *nœud coulant*.

En réalité, Python et son équipe d'intimidateurs gargantuesques ne sont pas uniquement présents dans la Loge maçonnique. Nous y sommes confrontés chaque fois que nous approchons notre 'Terre Promise' notre destinée personnelle : la destinée à laquelle Dieu nous appelle. Alors que nous arrivons à la porte qui donne sur notre destinée, nous rencontrons les équivalents spirituels de Talmai, Ahiman et Sheshai.

Malheureusement, la plupart d'entre nous ont tenté de les acheter au lieu de demander au Saint Esprit comment y faire face.

Pire encore, nous n'apprenons pas de nos erreurs. Lorsque les circonstances sont contre nous ; lorsque l'argent que nous voulons investir pour faire avancer nos rêves nous est volé, nous laissant dans une situation désastreuse ; lorsque nous nous retrouvons forcés de payer une dette que nous ne devons pas ; lorsque nous n'avons pas de temps à consacrer à notre vocation ; lorsque notre dur labeur est volé par une autre personne qui le revendique comme lui appartenant ; lorsque la promotion que nous aurions dû recevoir est accordée à une personne ayant moins d'expérience et moins de qualifications et que l'on nous demande de les encadrer – nous tentons de trouver une autre solution soigneusement conçue au lieu de demander à Dieu quel est le véritable problème !

Lorsque vous vous sentez, comme le dit une de mes amies, même avant d'avoir entendu parler des seuils, 'comme si un boa constrictor s'est emparé de ma vie', vous devez commencer par vous tourner vers Dieu comme refuge.

Et cela signifie qu'il faut renoncer aux choses vers lesquelles vous vous tournez habituellement pour être réconforté(e) et consolé(e) dans les moments difficiles. Vous ne pouvez pas rompre de manière efficace une alliance avec Python tant que vous ne vous serez pas détourné(e) de vos faux refuges et que vous n'aurez pas recherché la face de Dieu.

L'intimité avec Dieu. Aimer Dieu de tout notre cœur, de toute notre âme, de toute notre pensée. Cela nous effraie tellement. Nous sommes totalement terrifiés par cette idée.

Nous avons plus de choses en commun avec les anciens qui ont été conviés à un banquet sur la montagne avec Dieu, qui sont descendus de la montagne et ont participé au péché avec le veau d'or que nous ne sommes prêts à l'admettre.[28] C'est pour cela que Python a une telle emprise sur nous. Nous avons plus peur de nous approcher de Dieu que de nous frotter à l'étrangleur. Nous sommes comme des papillons de nuit, ébloui/e/s par la flamme de Son Amour, mais torturé(e)s à l'idée que nous pourrions être consumé(e)s par Son feu.

Pour certains d'entre nous – les hommes en particulier – cette peur de l'intimité est exprimée par une aversion à l'égard des chants d'adoration modernes qui accordent une grande importance sur le cœur. Nous préférons bien volontiers les hymnes traditionnels avec leur théologie solide et leur insistance sur l'esprit. La vérité est que nous sommes appelés à aimer Dieu *à la fois* avec notre cœur et notre esprit.

Et parfois l'amour implique qu'il faut demander pardon. Cependant, pour certains d'entre nous, il est pratiquement impossible de demander 'pardon' à Dieu. Et nous développons même des théologies qui suggèrent que nous n'avons pas besoin de confesser nos pécher et de nous repentir, parce que 'tout a été accompli à la Croix'. Ce cliché nous permet d'ignorer les passages bibliques tels que :

> ***Si** nous disons que nous n'avons pas de péché, nous nous trompons nous-mêmes et la vérité n'est pas en nous. **Si** nous reconnaissons nos péchés, Il est fidèle et juste pour nous les pardonner et pour nous purifier de tout mal.* 1 Jean 1:8–9 SG21

> *... et **s'il** a commis des péchés, il lui sera pardonné. Confessez donc vos péchés les uns aux autres, et priez les uns pour les autres, afin que vous soyez guéris.* Jacques 5:15–16 LSG

Parfois nous manipulons les bénédictions de Dieu pour éviter de demander 'pardon' et voir notre relation avec Lui restaurée. L'une des manières les plus récentes de faire ceci est de déclarer que Python est lié ou de prononcer une sentence de mort sur Léviathan ou de déclarer que Rachab a interdiction de nous tester. Nous recherchons une prière 'puissante, efficace' ou une parole prophétique qui va apporter un changement radical et instantané.

Parfois nous nous basons sur la Parole de Dieu de manière plus emphatique, exerçant notre foi d'une voix plus forte et de manière plus fervente. Nous visualisons les promesses de Dieu en train de se réaliser dans notre situation. Ce type d'attitude s'apparente, non sans péril, à la pensée – et même à la pratique magique.

Quand j'étais une adolescente, j'avais pris l'habitude de pivoter sur moi-même dans un cercle. Chaque fois que je me sentais angoissée ou bouleversée, je me mettais simplement debout et je tournoyais comme une toupie jusqu'à ce que je me sente mieux. Il y a des décennies que j'ai cessé de faire cela — en grande partie parce que j'habitais dans des maisons plus petites où il n'y avait assez de place.

J'avais oublié que j'avais cette habitude jusqu'à ce que je commence à faire de la recherche sur les alliances de seuil. J'avais rencontré un problème pendant mes recherches : Google, en faisant le suivi de mon historique de navigation, affinait mes résultats de recherche en catégories de plus en plus restreintes. Donc, occasionnellement, je dupais leur système en ajoutant à ma recherche un terme complètement aléatoire. Un jour en particulier, mon assortiment de mots complètement anodins s'est avéré être 'seuil' et 'loukoum'. J'étais stupéfaite de voir s'afficher des millions de nouvelles options. Et elles semblaient toutes être liées à des derviches tourneurs – ces danseurs soufi qui portent une tunique blanche, une cape noire et un chapeau marron et qui tournent en rond sur eux-mêmes.

'Dervish' signifie *seuil*.

Dès que j'ai vu la signification du mot, mon esprit a fait remonter la fichier mémoire de mon adolescence et toutes ces fois où j'ai tournoyé lorsque je me sentais troublée ou contrariée. J'ai compris immédiatement que c'était un faux refuge : c'était une source de réconfort qui remplaçait Dieu en tant que ma tour, mon refuge et ma force au jour de ma détresse.

Avec une sensation d'horreur vertigineuse, je suis allée vers Dieu et je Lui ai demandé ce qu'Il pensait de tout cela. Il ne me laissa aucun doute. Pendant les deux semaines qui suivirent, je me sentais comme dans une fosse de goudron – ce tournoiement auquel je m'étais adonnée était loin d'être innocent. Alors que j'examinais plus en profondeur la signification du derviche et ses connotations liées aux seuils, je devins plus consciente du fait que mes actes avaient été malsains. J'essayais de sauter par-dessus mon ombre – un exercice impossible qui ne peut être effectué qu'en fonctionnant dans le domaine du surnaturel. Je ne pouvais même pas imaginer pourquoi j'essayais de faire cela.

Je demandais donc à Dieu. Et Sa réponse simple fut que, même en tant qu'adolescente, j'étais instinctivement consciente des dangers associés aux seuils, et pressentant la présence de Python et ses alliés, j'essayais d'utiliser la magie pour essayer de les éviter. J'essayais d'utiliser un seuil 'contrefait' pour contrer les dangers du véritable seuil. Le tournoiement des derviches imite le tournoiement des roues des chérubins.

J'avais vraiment de quoi me repentir.

Mais ces deux semaines passées dans la fosse de goudron ont laissé sur moi une empreinte indélébile : lorsque les chrétiens me disent qu'ils n'ont jamais pratiqué ni eu affaire à la magie, je réserve mon jugement. Ce qu'ils disent en réalité c'est qu'à *leur connaissance* ils n'ont jamais pratiqué la magie.

Pourtant l'Église moderne est profondément infiltrée de la pratique de la magie. Il y a tellement de manières subtiles dont elle s'insinue dans notre façon de réfléchir. Nous pouvons par exemple prendre un verset et l'utiliser comme un talisman, ignorant son contexte ou les conditions qui lui sont associées. Le verset devient la promesse à laquelle nous nous accrochons. Parfois ça ne pose pas de problème mais lorsque nous nous accrochons à une promesse et non à Dieu, la relation est inversée.

Lorsque nous décrétons et déclarons des versets d'une manière qui enfreint les Écritures, nous avons ainsi franchi la ligne qui délimite la pratique de la magie. C'est assez élémentaire mais non sans conséquences. Parce que nous utilisons notre propre puissance pour communiquer une parole prophétique pour nous opposer à la Parole de Dieu, nous tentons donc d'annuler Ses décrets en faveur des nôtres.

Lorsque nous nous rendons au tribunal céleste pour recevoir un jugement en notre faveur, nous nous présentons devant le Seigneur, le Juge de toute la terre. Or trop souvent nous sommes trop occupés pour prendre le temps de demander à notre Défenseur, le Saint-Esprit, quelle est la meilleure approche pour notre situation. Au contraire nous utilisons les procédures et les protocoles légaux d'autres personnes parce cela a fonctionné pour eux.

Dieu répond parfois à nos prières de manière miraculeuse. Il rend occasionnellement un verdict instantané en notre faveur. Mais Son critère principal est que cela nous rapproche de Lui. Si le fait d'exaucer notre prière va uniquement résoudre nos problèmes pour que nous puissions continuer sans Lui, Il ne le fera pas.

Relation.

Confiance.

Intimité.

Fidélité.

Amour.

Tout cela commence par tourner le dos à vos faux refuges, demander 'pardon' de manière sincère et revenir vers Lui.

*Cette parole est certaine :*

> ***Si*** *nous sommes*
> *morts avec Lui, nous*
> *vivrons aussi avec Lui ;*
>
> ***Si*** *nous persévérons,*
> *nous régnerons aussi avec Lui ;*

*Si* nous Le
renions, Lui aussi
nous reniera ;

*Si* nous sommes
infidèles, Il
demeure fidèle
car Il ne peut se renier Lui-même.

2 Timothée 2:11-13 LSG

Ce passage est à la fois rassurant et troublant. La présence mystérieuse de quatre *'si'* suggère qu'il est question de Python. Pourquoi quatre ? Honnêtement, je n'en ai aucune idée. Cependant, quatre 'si' sont également présents dans le chapitre des 'choix', 1 Corinthiens 13, ainsi que Philippiens 2:1. Peut-être que le chiffre 'quatre' est une allusion subtile aux quatre faces des chérubins – le lion, l'aigle, bœuf, humain – ou le compas à quatre points cardinaux ou les quatre saisons.

Quelle est la différence entre être incrédule et renier Jésus ? C'est une question avec laquelle je me suis débattue et je n'ai pas de réponse sûre. Au bout du compte, je pense que seul Dieu peut juger nos cœurs à cet égard. Mais ayant observé plusieurs personnes en train d'essayer d'entrer dans leur vocation et commencer une gymnastique avec Python, j'ai quelques idées sur la question.

Premièrement, Jérémie avait raison lorsqu'il a dit, *Le cœur est tortueux par-dessus tout, et il est méchant: Qui peut le connaître ?* (Jérémie 17:9 LSG)  En effet, qui ? Lorsque Dieu n'accomplit pas Ses promesses selon notre calendrier, qu'est-ce qui pousse tant de personnes de nos jours à essayer de L'aider ? Et L'aider par des moyens qui sont explicitement interdits dans les Écritures ?

Non seulement certains chrétiens trempent dans la nécromancie, ils demandent à d'autres de couvrir leurs activités avec des prières. La 'version chrétienne' de la nécromancie consiste à se rendre sur la tombe d'un serviteur de Dieu connu, recherchant son héritage spirituel. Non seulement certains chrétiens recourent à la voyance, ils dégradent d'autres chrétiens avec leurs divinations. La 'version chrétienne' de la divination est perçue comme une facette de la prophétie, mais c'est une contrefaçon. Non seulement certains chrétiens entrent dans des temples et des sanctuaires pour y maudire des dieux, ils encouragent d'autres à y aller avec eux. Cette 'version chrétienne' du combat spirituel apporte dans sa foulée 'l'erreur de Balaam', l'incitation à sortir de la protection de Dieu en franchissant un seuil et en entrant dans une alliance avec ces dieux qu'ils sont venus maudire.

Tous ces comportements voyants, spectaculaires évitent simplement la repentance. Au lieu de régler les péchés cachés, au lieu de faire demi-tour et renoncer à notre complicité avec l'iniquité de nos ancêtres, au lieu de nous occuper de régler notre propre enchevêtrement de mauvaises réactions et d'attitudes impies, nous essayons de trouver un moyen facile de franchir le seuil. Une formule qui garantit qu'on aura affaire à Python. Un couloir intérieur pour accéder à notre vocation.

Mais Dieu ne veut pas une relation de seconde main, Il ne veut pas que nous soyons l'ami d'un ami. Il veut nous *connaître* et que nous Le *connaissions*. Nous *connaître*, c'est-à-dire être dans une *relation d'alliance intime*.

Dieu veut que nous en finissions avec les motivations égoïstes – le piège de l'ambition, l'orgueil, le désir d'avoir de l'argent ou d'être célèbre – qui nous poussent à vouloir franchir le seuil. Il veut que nous nous débarrassions de nos faux refuges – les réconforts et les consolations que nous recevons à l'écart de Dieu. Et Il veut que nous soyons également libéré(e)s de la peur qui nous éloigne du seuil. Il sait que nous ne Lui faisons pas pleinement confiance. Si nous Lui faisions confiance, nous aurions franchi le seuil il y a très longtemps.

Il veut nous guérir du mal du christianisme moderne – la célébration de la liberté et de l'individualité farouche. Le désir de nous séparer du Corps de Christ et les raisons qui justifient le fait de confesser ses péchés uniquement à Dieu, et non les uns aux autres. Pas étonnant qu'il y ait si peu de guérisons. Jacques nous dit de prier les uns pour les autres et de confesser nos péchés les uns aux autres *pour que* nous soyons guéris. La vérité est que si nous prions Dieu et que nos cœurs sont en déni, Python est en mesure d'occulter ce qui doit réellement être confessé. Nous avons besoin de personnes de confiance qui peuvent nous aider à passer par un processus de sanctification et nous enseigner les lois de la moisson spirituelle, pour que nous puissions comprendre comment nous nous sommes retrouvés dans le pétrin dans lequel nous sommes.

La première loi de la moisson spirituelle est : on *récolte ce qu'on sème*. Plusieurs personnes pensent que ce principe n'est plus en vigueur après la Résurrection. Cependant, c'est Paul qui dit après la Résurrection, *Ne vous y trompez pas : on ne se moque pas de Dieu. Ce qu'un homme aura semé, il le moissonnera aussi.* (Galates 6:7 LSG)

Jésus reformule ce principe pour que nous puissions éviter ses aspects négatifs. *« Faites pour les autres tout ce que vous voulez qu'ils fassent pour vous. »* (Matthieu 7:12 LSG) Cette règle d'or est la pierre angulaire de l'amour concret.

Dans le combat spirituel de ces dernières décennies, ces principes ont été grandement négligés. Si, par exemple, vous accédez au troisième ciel par la foi pour 'bombarder' le deuxième ciel où l'ennemi, le prince de la puissance de l'air, est installé, que vous dit la loi de la semence et de la moisson ? Elle vous dit que vous serez à votre tour 'bombardé'. Si, par exemple, vous maudissez continuellement l'ennemi ou que vous lui dites avec colère qu'il est vaincu, que vous dit la loi de la semence et de la moisson ?

Où y a-t-il des prières adressées à l'ennemi dans les Écritures ? Occasionnellement, un esprit m'a insultée verbalement. Ma réponse est toujours la même : 'Adresse-toi à l'Éternel Dieu.' Il n'y a aucune raison de dialoguer avec les puissances des ténèbres.

Et il y a une très bonne raison pour laquelle Paul a fini par découvrir que l'amour est la réponse. La loi de la semence et de la moisson nous dit que si nous semons l'amour, c'est ce que nous récolterons.

Quand je me tourne vers Dieu et que je Lui demande une stratégie concernant un potentat angélique, je réfléchis soigneusement à Sa réponse. Il faut que je sois confortable à l'idée que cette chose me soit faite en retour ! À mesure que vous commencez à reconnaître les machinations de l'ennemi, vous devez être en communication constante avec Dieu. L'ennemi saura que vous connaissez son plan d'attaque et essaiera de contrecarrer cela. Il essaiera de trouver des péchés, de l'iniquité et des transgressions de votre passé dont vous ne vous êtes pas repentis – une base légale pour vous attaquer – pour vous infliger autant de dégâts que possible à mesure que le temps qu'il lui reste diminue.

Plus vous vous sanctifiez, plus vous devrez continuer à vous sanctifier spirituellement. La question n'est pas le salut, mais la sanctification. Et si vous ne savez pas où commencer, demandez au Saint-Esprit de vous aider à trouver un ministère de guérison près de chez vous.

Dans le christianisme moderne, nous reculons devant le message de Jésus sur la porte étroite. Juste avant ce message – ce qui n'est sans doute pas surprenant – Il définit la règle d'or, dont le message subtil est que nous devons semer de la bonne façon pour récolter de bons résultats. Et juste après, Il parle de reconnaître les gens par les 'fruits' qu'ils produisent. La métaphore des 'fruits' est encore une fois centrée sur la loi de la semence et de la moisson.

> *« ...Faites pour les autres tout ce que vous voudriez qu'ils fassent pour vous, car c'est là tout*

*l'enseignement de la Loi et des prophètes. Entrez par la porte étroite ; en effet, large est la porte et spacieuse la route qui mènent à la perdition. Mais étroite est la porte et resserré le sentier qui mènent à la vie ! Qu'ils sont peu nombreux ceux qui les trouvent ! Gardez-vous des faux prophètes ! Lorsqu'ils vous abordent, ils se donnent l'apparence d'agneaux mais, en réalité, ce sont des loups féroces. Vous les reconnaîtrez à leurs fruits. Est-ce que l'on cueille des raisins sur des buissons d'épines ou des figues sur des ronces ? Ainsi, un bon arbre porte de bons fruits, un mauvais arbre produit de mauvais fruits. Un bon arbre ne peut pas porter de mauvais fruits, ni un mauvais arbre de bons fruits. Ainsi donc, c'est à leurs fruits que vous les reconnaîtrez. Pour entrer dans le royaume des cieux, il ne suffit pas de me dire : " Seigneur ! Seigneur ! ", il faut accomplir la volonté de mon Père céleste. »*
(Matthieu 7:12-21 BDS)

Dans Luc 13:22-27, Jésus fait des déclarations similaires liant la porte étroite au fait de Le *connaître*. Ne pas dire, 'Seigneur, Seigneur,' mais Le connaître et avoir une alliance d'intimité avec Lui. Produire des 'fruits' qui L'honorent.

Nous devons nous soumettre à l'émondage du Jardinier. Parce que lorsque nous fonctionnons avec à l'esprit une idée souillée de l'amour, de l'honneur et de la confiance, ou une image ternie du Cœur de Père de Dieu, cela jouera en la faveur de l'ennemi.

Si l'amour vainc Python, alors nous devons connaître ce qu'est l'amour. Non seulement nous devons nous débarrasser de nos faux refuges mais également de notre conception erronée de ce qu'est l'amour.

J'étais à un séminaire où l'orateur a déclaré que le contraire de l'amour est la peur. Il a justifié sa déclaration en citant le verset qui dit : *...l'amour parfait bannit la crainte...* (1 Jean 4:18 LSG) Je pensais depuis toujours que le contraire de l'amour était l'indifférence, donc son commentaire me donnait matière à réflexion. Je n'étais pas prête à l'accepter immédiatement, mais j'étais ouverte à la possibilité qu'il avait peut-être raison.

À mesure que le séminaire continuait, je commençais à comprendre son point de vue. Il mentionna les difficultés rencontrées lorsqu'il essayait de convaincre son conseil d'administration de soutenir la vision qui lui a été révélée par Dieu ; sa frustration causée par leur timidité, leur prudence, et leur manque de courage. Il parla de ce qu'il avait surmonté dans le passé et du fait qu'il considérait ces expériences comme un plan d'action pour l'avenir. Quand il était enfant, il était atteint d'une maladie rare et avait une espérance de vie extrêmement courte. Ses parents l'avaient amené à l'étranger pour une opération radicale dans l'espoir de trouver une cure. Les six premiers patients qui avaient subi cette opération étaient morts. Il était le septième – l'enfant miraculé qui avait survécu et s'était épanoui.

Et soudain je compris. Pour cet homme, l'amour impliquait prendre des risques élevés.

Ses parents avaient emprunté tout ce qu'ils pouvaient pour l'amener à l'étranger pour une opération extrêmement risquée ayant des conséquences potentiellement mortelles. C'était à ses yeux ce à quoi l'amour ressemblait.

Donc lorsque son conseil d'administration exprima des réserves à propos des coûts associés à la réalisation de sa vision, il jugea qu'ils étaient lâches et peureux, mais aussi dépourvus d'amour. Parce qu'ils n'étaient pas des preneurs de risques, il les critiquait, disant qu'ils manquaient d'amour.

Nous avons chacun(e) notre idée de ce qu'est l'amour. Et lorsque ceux qui nous entourent ne remplissent pas nos critères très spécialisés, nous les écartons, les jugeant incapables d'amour, pas charitables et peu aimables.

L'amour qui n'est pas racheté, non régénéré est aussi toxique que l'amour véritable est réparateur.

John Sandford de Elijah House soutient que même ce qu'il y a de bien en nous doit être amené à la Croix et sacrifié/offert à Dieu. (D'ailleurs, le ministère de prière d'Elijah House est un bon point de départ pour commencer un parcours de sanctification personnelle.)[29] Nous devons laisser Jésus éliminer notre amour naturel et le ressusciter en amour surnaturel. Toutes les souillures qui accompagnent nos conceptions personnelles de ce à quoi l'amour ressemble doivent être purifiées par Son Sang pour que nous puissions prendre part à l'étreinte de Dieu qui nous est offerte et qui est offerte au monde.

'Dans cette situation, à quoi ressemble l'amour ?' ; c'est la question que nous devons nous poser lorsque nous approchons un seuil et que nous sommes confrontés à Python.

Si nous aimons Dieu, nous ne sacrifierons ni Son Nom ni Son honneur.

Si nous aimons nos voisins, nos collègues, nos partenaires, nos amis et notre famille, nous ne les sacrifierons pas sur le seuil. Et si nous nous aimons nous-mêmes, nous ne nous sacrifierons pas non plus.

Au contraire, nous admettrons que Jésus est le sacrifice qui est largement suffisant et Son amour a payé le prix. Cette confession doit être bien plus qu'une connaissance théorique. Elle doit être imprimée dans nos cœurs si profondément que cela nous pousse à aller vers Lui et Lui demander ce qu'Il considère comme l'amour dans ces circonstances. Notre désir doit être d'honorer le sacrifice qu'Il a fait pour nous. Oui, cela revient – une fois de plus – à parler avec Lui. À approfondir la relation. À l'intimité.

Exactement ce que nous essayons désespérément d'éviter.

Il y a des moments où Python, malgré son goût légal et légaliste pour le *SI*, veut éliminer notre connaissance de son existence même.

Cela se produit par exemple lorsque nous nous retrouvons face à un verset comme le suivant :

*Si nous confessons nos péchés, il est fidèle et juste pour nous les pardonner, et pour nous purifier de toute iniquité.* (1 John 1:9 LSG)

Plusieurs personnes le lisent ainsi : *Il est fidèle et juste pour nous les pardonner, et pour nous purifier de toute iniquité.* En éliminant toute notion de confession, nous éliminons le détail qui est censé nous rapprocher de Dieu.

Un autre exemple :

*Nous avons auprès de Lui cette assurance, que, si nous demandons quelque chose selon sa volonté, il nous écoute.* (1 Jean 5:14 LSG)

« Mais bien-sûr que nous demandons selon Sa volonté ! disent tant de chrétiens. Nous avons la pensée de Christ ! »

En voici un autre :

*Ne vous y trompez pas : on ne se moque pas de Dieu. Ce qu'un homme aura semé, il le moissonnera aussi... Ne nous lassons pas de faire le bien ; car nous moissonnerons au temps convenable,* ***si*** *nous ne nous relâchons pas.* (Galates 6:7,9 LSG)

Dont la version tronquée si fréquemment utilisée est : *Ce qu'un homme aura semé, il le moissonnera aussi... Ne nous lassons pas de faire le bien ; car nous moissonnerons au temps convenable.* Accentuons les aspects positifs et éliminons toute connotation négative et les propositions conditionnelles. Il y a tellement de personnes qui me disent que la Croix de Jésus a éliminé tous ces aspects négatifs liés à récolter et que cela se produit uniquement lorsque notre ancienne mentalité exerce une emprise sur nous et donne aux choses négatives l'accès à nos vies. Alors, où exactement l'apôtre Paul dit-il que la Croix de Christ associée à la pensée positive annulera ce qu'il a écrit ici aux chrétiens de Galatie ?

La Croix de Christ a permis notre Salut. Il ne faut pas confondre cela avec la sanctification.

Python ne peut aucunement influencer notre salut. Nous non plus. Nous ne pouvons rien ajouter à ce que Jésus a accompli à la Croix, et nous ne pouvons rien y soustraire. Tout est parfaitement accompli – affaire réglée.

La confession signifie simplement *être d'accord avec Dieu*. C'est la raison pour laquelle la confession des péchés et la confession de la foi existent. Nous pouvons être d'accord avec Dieu sur le fait que nous avons transgressé Ses commandements mais nous pouvons aussi nous mettre en accord avec Lui sur Sa nature, qui Il est et comment Il est.

Lorsque nous confessons nos péchés, nous nous mettons en accord avec Dieu et rompons nos accords avec Python. Si nous prenons des mesures pour rompre nos alliances avec les gardiens du seuil, Dieu nous pardonnera : *la prière de la foi sauvera le malade, et le Seigneur le relèvera ; et s'il a commis des péchés, il lui sera pardonné. Confessez donc vos péchés les uns aux autres, et priez les uns pour les autres, afin que vous soyez guéris.* (Jacques 5:15-16 LSG)

La version relookée de ce verset habituellement citée omet la confession des péchés. « La prière de la foi sauvera le malade, et le Seigneur le relèvera… Donc… priez les uns pour les autres, afin que vous soyez guéris. » Bon nombre d'entre nous croyons que nous n'avons rien à confesser parce que nous sommes innocents.

Nous ne sommes jamais innocents. Nous sommes justifiés par la puissance du Sang de Jésus mais cela ne nous rend pas innocents.

Le cœur humain a tendance à se laisser prendre à l'une des deux tentations suivantes : blâmer les autres ou toujours nous blâmer. Nous nous érigeons en dieux ou nous prétendons être des vers.

Ça lui est égal à Python ce que nous choisissons. Ça lui importe peu que nous choisissions de nous sacrifier nous-mêmes ou les autres. Mais il ne veut absolument pas que nous nous tournions vers Dieu, que nous Lui demandions ce qu'Il considère comme l'amour et que nous décidions d'agir selon Sa réponse.

*L'amour est patient, il est plein de bonté. Il n'est pas envieux, il ne cherche pas à se faire valoir, il ne s'enfle pas d'orgueil.* 1 Corinthiens 13:4 BDS

*Il ne cherche pas à se faire valoir, il ne s'enfle pas d'orgueil* : c'est une allusion à peine voilée aux alliés de Python – Rachab l'arrogant, et Léviathan, le roi des plus fiers.

*Il n'est pas envieux,* : c'est une référence à la ruse de Python avant qu'il ne parte. La légende grecque de la défaite de Python inclut le fait qu'il s'est décomposé. Le mot grec 'phtheírō', *pourrir, se décomposer, corrompu* était considéré comme dérivant de 'phthónos', *envie*, de 'pytho', *Python.* Il est utilisé tout au long du Nouveau Testament pour faire référence à la *corruption morale.* Nous pouvons être tentés même au moment où Python s'en va – en effet, nous pouvons être tentés par son départ, tenté d'exulter et de nous vanter de notre victoire. Nous attirons à nous en ce faisant Rachab, le gaspilleur et celui qui nous rend vantards.

Si nous restons proches de Jésus Il nous ouvrira un chemin là où il n'y a pas de chemin. Mais si nous ne restons pas près de Lui, nous pouvons échouer même au moment de la victoire.

Jésus Lui-même parle des esprits qui se cachent derrière l'envie – à Son époque et de nos jours, ils sont appelés le 'Mauvais Œil' dans plusieurs pays à travers le monde. Le paragraphe entre deux points de vue sur l'utilisation et l'utilisation abusive de l'argent fait directement référence à cet esprit.

> *Ne vous amassez pas des trésors sur la terre, où la teigne et la rouille détruisent, et où les voleurs percent et dérobent ; mais amassez-vous des trésors dans le ciel, où la teigne et la rouille ne*

*détruisent point, et où les voleurs ne percent ni ne dérobent. Car là où est ton trésor, là aussi sera ton cœur.*

*L'œil est la lampe du corps. Si ton œil est en bon état, tout ton corps sera éclairé ; mais si ton œil est en mauvais état, tout ton corps sera dans les ténèbres. Si donc la lumière qui est en toi est ténèbres, combien seront grandes ces ténèbres !*

*Nul ne peut servir deux maîtres. Car, ou il haïra l'un, et aimera l'autre ; ou il s'attachera à l'un, et méprisera l'autre. Vous ne pouvez servir Dieu et Mammon.*

Matthieu 6:19-24LSG

La traduction de ce passage est, 'si ton œil est en mauvais état', contrastant cet œil à l'œil clair ('phōteinos', *plein de lumière*). Cependant, le mot grec ici qui signifie mauvais est 'poneros', *mal/maléfique*. Jésus parle ici de la jalousie que l'on peut ressentir par rapport aux biens matériels d'autres personnes, et qui nous pousse à l'accumulation de richesses et à amasser des trésors qui ne sont pas en accord avec les plans et le cœur de Dieu.

La jalousie est anti-amour.[30] Elle nous met en accord avec Python, même s'il est vaincu. Elle nous prive de la lumière. Nous ne pouvons pas servir Dieu et l'argent, ni Dieu et Python.

J'aime ce passage des Évangiles. Non pas parce que ce passage fait référence à Python, mais parce qu'il met au premier plan Jésus l'artiste littéraire, le poète magistral, excellent orfèvre de jeux de mots. Kenneth Bailey souligne que si le passage parallèle dans l'évangile de Luc est retraduit en araméen, il est un chef d'œuvre de vers superbes dans le style hébraïque.[31]

Dieu est poète.[32] Jésus, bien-sûr, ne peut qu'en être un. Mais il ne s'agit pas que de vers en araméen ici. Ce passage est multilingue ! Jésus utilisait également la langue grecque pour créer un contraste implicite avec les assonances poétiques, 'phthónos', *envie*, et 'phōteinos', *plein de lumière*.

Que nous dit-Il ici ? Il nous dit que notre complicité avec Python équivaut à haïr Dieu. On risque de sacrifier les autres, de s'auto-saboter, ou encore de payer le prix fixé par Python en sacrifiant l'honneur de Dieu – toutes des options nous amenant à servir un autre maître que Abba Père. Nous nous serons donc détournés de l'amour. Souvent en nous faisant des illusions, pensant que nous avons fait exactement le contraire.

Qu'est-ce que nous pouvons considérer comme l'amour ? Qu'est-ce que c'est – réellement – que l'amour ?

Paul a beaucoup parlé de l'amour aux Corinthiens, faisant une allusion subtile à Python, mais il n'a pas répondu à la question de ce que c'est que l'amour.

Pour y répondre, tournons-nous vers un événement lié à un seuil dans les Écritures. C'est un événement que nous avons examiné brièvement auparavant : l'incident de la Vallée des Acacias, lorsque le peuple d'Israël était sur le point d'entrer dans la Terre Promise. Lors de cet événement, Python, sous la forme de Baal Péor, *dieu de l'ouverture*, ressort le stratagème de la séduction.

Balaam, le devin de Péthor, après avoir échoué trois fois lorsqu'il essayait de maudire les Israélites à la demande du roi de Moab, reçut son salaire en élaborant un plan pour amener les Israélites à se maudire eux-mêmes. Balaam se rendit compte que Dieu ne romprait jamais Son alliance avec Son peuple, donc il conçut une stratégie pour tenter Israël et les inciter à rompre leur alliance avec Lui. En mangeant des aliments sacrifiés à Baal Péor et par la prostitution rituelle – l'union sexuelle pour 'devenir un avec le dieu Péor' – une partie du peuple, y compris certains princes de clans ont fait une alliance avec Python.

Dieu annula donc Sa protection basée sur l'alliance et plus de vingt mille personnes périrent de la peste. Moïse et les anciens étaient à l'entrée du Tabernacle, pleurant et se repentant devant Dieu lorsque Zimri, un prince de la tribu de Siméon, passa devant eux, affichant sa relation avec Cozbi, une princesse Madianite.

Phinéas, petit-fils d'Aaron, se saisit d'une épée et les poursuivit. Il les tua tous les deux, la peste s'arrêta et Dieu le félicita. Phinéas fut récompensé en recevant un sacerdoce perpétuel et une alliance de paix.

Je ne citerai pas les Écritures parce que, comme je l'ai mentionné dans *God's Priority*, je crois que toutes les traductions anglaises actuelles, bien qu'elles ne soient pas erronées, présentent des lacunes. Elles disent que Phinéas a poursuivi Zimri et Cozbi dans le 'qubbah', *la tente*. Dans d'autres passages, 'qubbah' est traduit par *malédiction*.

Je crois que 'malédiction' est la traduction correcte. Phinéas est volontairement entré dans une malédiction, prenant sur lui-même les conséquences potentielles de son acte. Comme Jésus, il était prêt à périr pour apporter la guérison au peuple. Et comme Jésus, il a reçu une alliance de paix et un sacerdoce perpétuel.

Qu'est-ce que nous pouvons considérer comme l'amour ? Cela ressemble à une volonté d'entrer dans une malédiction... sans garantie par rapport au résultat. C'est à cela que ressemble l'amour pour Dieu et pour son prochain. Lorsque nous nous exposons à des dangers pour défendre d'autres personnes, nous risquons nos vies.

Python, sous la forme de Baal Péor, apparaît dans la vision de Jean dans le livre de l'Apocalypse. Nous pouvons en être certains grâce à la mention de l'expérience de Balaam. Notez la similarité entre 'Péor' et la première syllabe du nom de l'église dans ce passage :

> *« Écris à l'ange de l'Eglise de Pergame : Voici ce que dit celui qui a l'épée aiguë, à deux tranchants : "Je sais où tu demeures, je sais que là est le trône de Satan. Tu retiens mon nom, et tu n'as pas renié*

*ma foi, même aux jours d'Antipas, mon témoin fidèle, qui a été mis à mort chez vous, là où Satan a sa demeure. Mais j'ai quelque chose contre toi, c'est que tu as là des gens attachés à la doctrine de Balaam, qui enseignait à Balak à mettre une pierre d'achoppement devant les fils d'Israël, pour qu'ils mangeassent des viandes sacrifiées aux idoles et qu'ils se livrassent à l'impudicité. De même, toi aussi, tu as des gens attachés pareillement à la doctrine des Nicolaïtes. Repens-toi donc ; sinon, je viendrai à toi bientôt, et je les combattrai avec l'épée de ma bouche. Que celui qui a des oreilles entende ce que l'Esprit dit aux Églises : A celui qui vaincra je donnerai de la manne cachée, et je lui donnerai un caillou blanc ; et sur ce caillou est écrit un nom nouveau, que personne ne connaît, si ce n'est celui qui le reçoit. "»*

Apocalypse 2:12-17 LSG

Au dix-neuvième siècle, des archéologistes allemands ont découvert le temple de Zeus à Pergame – c'est son autel central monumental qui semble être ce que Jean a appelé *'le trône de Satan'*. Ils ont démonté le temple pierre par pierre, l'ont expédié à Berlin et l'ont exposé dans un musée exclusif. Dans les années 30, Albert Speer reconstitua cet édifice comme toile de fond des rassemblements de Nuremberg à Zeppelintribüne, plaçant le podium de Hitler là où l'autel aurait été.

Hitler a fait une transaction sur la puissance spirituelle de ce trône de Satan, ce trône de Baal Péor. Et lorsque nous concluons un accord avec Python, nous ne sommes pas mieux. Comme Esaü qui a échangé son droit d'ainesse contre du 'roux',**33** nous échangeons notre héritage contre un mensonge sans valeur.

La souillure de l'autel de Pergame, selon le récit de Jean dans le livre de l'Apocalypse, se produit parce que les enseignements de Balaam ont été tolérés. C'est l'erreur de séduction qui consiste à dire que nous pouvons nous livrer au péché et quand même bénéficier de la faveur de Dieu. Tout au long de l'histoire du Christianisme moderne, c'est l'appel au clairon : il n'est pas nécessaire d'obéir à Dieu pour bénéficier de Sa faveur. Il suffit juste de souscrire au bon ensemble de croyances. (Oui, je sais – c'est faux ! Nous sommes sauvés par la grâce par le moyen de la foi. Alors pourquoi tellement d'entre nous agissons comme si nous sommes sauvés par la doctrine ? Pourquoi tant de croyants retirent-ils de leur liste d'amis d'autres croyants sous prétexte qu'ils ont un 'esprit religieux' ? Pourquoi tant de personnes mettent-elles fin à la camaraderie avec d'autres parce qu'elles ne croient pas en 'la bonne chose' ? Connaître les bonnes choses à propos de Dieu ce n'est pas la même chose que *connaître* Dieu par une alliance.)

L'incitation de Baal Péor, le dieu qui gardait le seuil vers la Terre Promise, est parfaitement illustré par l'incompréhension moderne de la grâce. La forteresse de Baal Péor était située au-dessus de la Vallée des Acacias – là où la ville de Sodome se trouvait auparavant. L'ombre immense de Sodome se trouve dans la croyance actuelle si répandue que la grâce signifie que ma relation avec Dieu importe peu. Il m'aime de manière inconditionnelle.

Il y a plusieurs décennies, je suis allée dans un camp chrétien et j'y ai vu une illustration graphique du concept théologique de l'expiation offerte en substitution. Le tuteur avait placé trois croix sur un tableau. Elles symbolisaient Jésus et les deux voleurs – l'un crucifié à Sa droite et l'autre à Sa gauche. Les croix qui symbolisaient les deux voleurs avaient des sacs noirs placés par-dessus pour représenter le péché. La croix centrale, parce que Jésus était sans péché, n'était pas recouverte par un sac.

Le tuteur expliqua que le voleur qui a reconnu son péché et demandé à Jésus de se souvenir de lui quand Il viendrait régner a simplement tendu son ballot noir à Jésus. Il déplaça le petit sac de la croix du voleur à la croix centrale pour montrer que le poids de tout son péché et la punition qu'il devait tomber sur lui étaient transférés sur Jésus.

Alors, je ne sais pas si les autres personnes qui observaient cela ont réagi, mais ma réaction consternée fut : 'Non ! C'est ce que cela signifie de reconnaître et confesser ses péchés ? Je ne m'étais jamais rendue compte que c'était de cela qu'il s'agissait. Certainement pas. Je ne tolérerai pas que Jésus souffre ne serait-ce qu'un tout petit peu plus en mon nom. Non. Non. Non. Pas une seconde de plus.' Au lieu de prier comme le suggéra l'animateur, je me suis retournée avec colère vers Dieu. 'Tu as entendu ma dernière confession.'

Je doute qu'il y ait eu un autre moment de ma vie où j'ai été consciente de ma nature pécheresse avec autant d'acuité que dans les mois qui ont suivi. À la fin de chaque journée, je faisais un inventaire mental et j'annonçais, 'Aujourd'hui j'ai commis les péchés suivants. Et je ne confesserai aucun de ces péchés. Je ne veux pas que Jésus endure plus de souffrances. Est-ce que je me fais bien comprendre ?' Ensuite, ironiquement, je Lui donnais une liste de ces mêmes choses que j'avais dit que je ne confesserais pas.

Au bout de quelques mois, j'avais pris l'habitude de rentrer du travail et de rester assise dans ma voiture pendant un certain temps et 'ne pas confesser' mes péchés à Dieu. Un jour, avant que je ne commence la conversation, je ressentis Sa tristesse immense. 'Qu'est-ce qui ne va pas ?', je Lui demandais.

'Toi,' dit-Il. 'Pourquoi n'acceptes-tu pas le fait que tout a été accompli il y a près de deux mille ans ? Que tu ne peux rien y changer. C'est de l'histoire ancienne.'

J'étais tellement contrariée. 'Ce n'est pas juste ! Je ne veux pas faire souffrir Jésus. Mais je ne veux pas non plus que Tu sois si triste.' Je soupirais. 'Oh, d'accord, je cède. Mais je ne suis pas obligée d'aimer ça, n'est-ce pas ?'

'Qu'est-ce qui te fais croire que J'aime ça ?'

Lorsque je repense à cette conversation, je discerne mon conflit théologique concernant les questions liées à la grâce auxquelles tout le monde est confronté sur les seuils. Peut-être pas de manière explicite, mais implicitement. Traverser un seuil vers sa destinée signifie non seulement que Dieu devient le défenseur de votre alliance, mais aussi que vous êtes devenus amis.

Le signe d'une amitié n'est pas le fait de faire preuve de loyauté les uns envers les autres – bien que cela en fasse partie ; bien-sûr. C'est le fait d'échanger des secrets. L'échange de secrets se produit pour la première fois juste après qu'Abraham et Dieu complètent une alliance de seuil. Le secret concerne le sort de Sodome et Gomorrhe.

Donc pour compléter sa destinée, il faut se mettre dans une position où on devient 'ami de Dieu'. Et c'est cela le paradoxe : il faut accepter le fait que Jésus est le sacrifice complet et suffisant pour votre péché.

Réfléchissez-y. Voici la démarche : reconnaissez que vous avez assassiné Jésus – et qu'Il a payé la sanction pour cet assassinat pour vous – puis faites demi-tour et demandez-Lui de devenir votre ami.

Oh, que Dieu nous vienne en aide si vous ne ressentez pas l'horreur de cette réalité. La grâce extraordinaire que Dieu nous offre. Le pardon incroyable, extravagant qu'Il nous offre en tendant Sa main vers nous pour nous inviter à passer par-dessus le seuil.

Dieu veut faire une alliance avec nous. Mais nous voulons faire des échanges. Et en ce faisant, nous sommes considérablement plus ouverts à l'offre de Python qu'à celle de Dieu. Dieu veut racheter ce que Python a profané, mais pour tant d'entre nous, le prix de Son amitié est trop élevé. Parce qu'Il indiquera les domaines de notre qui doivent changer. Il nous demande de nous repentir, de confesser – *nous mettre d'accord avec Lui* – ce qui doit être purifié dans notre vie.

Et Il ne se mettra pas au travail tant que nous ne Lui donnerons pas la permission.

Lorsque nous jetons un regard en arrière sur les périodes où nous avons été confrontés à Python, c'est une bonne chose d'identifier nos points faibles pour ce qui est de la tentation et des épreuves. C'est dans ce processus que nous serons délivrés.

**Étranglement.**

**Silence et ambiguïté.**

**Divination.**

**Intimidation.**

**Séduction.**

**Maladie et souffrance.**

Par le passé, cela ne me prenait pas beaucoup de temps. Je suis défaite par le **silence**. Souvent, je ne me suis pas rendu compte qu'il était là. Mais quand j'ai reconnu sa présence, j'ai essayé de le briser et lorsque j'ai échoué, j'ai attendu patiemment jusqu'à ce qu'il passe. Je me suis dit ; 'attends-toi à l'Eternel et espère en Lui.'

Mais maintenant je me rends compte de mon erreur. Attendre, ne rien faire, c'était simplement me mettre entre les mains de l'allié de Python – Rachab, l'esprit de gaspillage, qu'Ésaïe appelle le 'bruit qui n'aboutit à rien' ou l'Agitée au repos.[34]

'Attendre' que le Seigneur intervienne ce n'est pas réellement *attendre*. En tout cas ça ne devrait pas l'être.

En hébreu, *attendre* signifie *lier*. 'Attends-toi au Seigneur' signifie en réalité *se lier à Lui*.

J'ai toujours aimé les loricas irlandaises.   Particulièrement le *Cri du daim* qui est aussi appelée *Cuirasse de Saint Patrick*.

> *Je lie à moi-même aujourd'hui*
> *le nom puissant de la Trinité*
> *en invoquant la Trinité,*
> *la Trinité dans l'Unité.*

> *Je lie à moi-même aujourd'hui et pour toujours*
> *par la puissance de la foi,*
> *la vertu de l'Incarnation de Christ,*
> *Son baptême dans le Jourdain,*
> *Sa crucifixion pour mon salut,*
> *son enterrement, sa résurrection et son ascension,*
> *Sa venue le jour du Jugement ;*
> *je lie à moi-même aujourd'hui.*

> *Christ avec moi, Christ en moi,*
> *Christ derrière moi, Christ devant moi,*
> *Christ pour me convaincre,*
> *Christ pour me réconforter et me restaurer.*

*Christ en-dessous de moi, Christ au-dessus de moi,
Christ dans le silence, Christ dans le danger,
Christ dans le cœur de tous ceux qui m'aiment,
Christ dans la bouche de l'ami et de l'étranger.*

Les loricas font partie des 'psaumes, des hymnes, des cantiques spirituels' que Paul nous dit d'utiliser comme musique dans nos cœurs. Ils parlent de protection ; ils sont une forme de prière et, ainsi, ils font partie de l'armure de Dieu. Paul apprit cette leçon quand il était en prison à Philippes.

L'armure de Dieu est spécifiquement conçue pour franchir les seuils. Elle est parfaite contre Python. Je ne vais pas me pencher sur les détails de l'armure parce que j'en ai longuement parlé dans *God's Pageantry* et *God's Pottery*. Si vous voulez en savoir davantage sur la musique, les mathématiques, les pierres précieuses, les fleurs, les parties des portes, le baiser du ciel et de la terre, la géographie, les vêtements sacerdotaux et l'opposition à la déesse éphésienne Artémis encodée dans ce passage, lisez ces livres.

Dieu veut placer l'armure sur nous. Et Il veut que nous placions l'armure sur les autres.

Comment faisons-nous cela ? Le moyen le plus simple est de Lui demander Son baiser. Pour nous-mêmes et pour les autres.

En hébreu, le mot pour *embrasser* est le même que *mettre son armure*. Et Paul a encodé des éléments du baiser du ciel et de la terre du Psaume 85:10-11 dans sa description à l'armure de Dieu.

Oui, nous en revenons à l'intimité avec Dieu. C'est notre défense la plus sure contre les ruses de Python.

Non seulement nous pouvons demander à Dieu de nous embrasser, mais une fois que nous nous sommes débarrassés de nos faux refuges – et cela requiert non seulement la repentance mais des épreuves – nous pouvons demander un changement des gardes sur le seuil vers notre destinée.

Le salut au drapeau cérémonial britannique dure environ quarante-cinq minutes. Le changement des gardes au Vatican est moins formel et dure seulement environ une minute. Mais quand Dieu 'change les gardes' veillant sur le seuil de vos vies cela dure environ trente secondes – si vous Lui demandez et si vous renoncez d'abord à vos faux refuges.

Remarquez les si.

Une demi-minute au ciel correspond à plusieurs mois en temps terrestre (2 Pierre 3:8) – et cela semble durer une éternité pour les enfants du 21ème siècle qui veulent tout ce qu'ils veulent tout de suite.

*Si* les conditions sont remplies – c'est-à-dire si vous avez renoncé à vos faux refuges et que vous avez été testé pour voir si vous retournerez vers ces faux refuges lorsque vous vous trouvez en difficulté, vous pourrez demander à Dieu de renvoyer les anciens gardiens impies et de les remplacer par Sa cohorte angélique loyale. Vous pouvez Lui demander davantage que de réprimander Python, vous pouvez Lui demander de placer des anges gardiens là où Python et Rachab étaient.

Ne vous y trompez pas : ce changement de la garde spirituelle sur le seuil vers votre destinée est, de bien des façons, de manière aussi solennelle que les traditions terrestres.

Avant tout, vous devez demander à Dieu la permission de changer de garde. La permission va dans les deux sens. Nous devons Lui donner la permission d'entrer dans des domaines spécifiques de nos vies qu'Il illumine, et Il doit également nous donner la permission dans des domaines spécifiques.

La condition pré-requise pour cette permission est toujours la même : nous pardonnons, nous nous repentons, nous révoquons, nous renonçons, nous répudions nos faux refuges et nous demandons à Dieu de les raser. Pardonner ne signifie pas excuser, rationaliser ou exonérer. Cela signifie prononcer des paroles de pardon et demander à Jésus de valider ces paroles. Se repentir signifie choisir de faire demi-tour et changer de comportement. Renoncer signifie dire un non éternel à nos anciennes façons de réfléchir. Demander à Dieu de raser nos faux refuges ne veut pas forcément dire que nous ne ferons plus jamais ces choses, mais nous ne les utiliserons plus comme un moyen d'éviter Dieu.

*Alors* nous Lui permettons de réprimander tous les esprits impies (et cela pourrait inclure se repentir d'être allé au-delà de notre juridiction par le passé concernant ces esprits.)

Dieu doit donner Sa permission avant que nous puissions demander un changement de la garde. Pourquoi ? Parce que ce que nous Lui demandons c'est de placer des chérubins saints sur notre seuil.

Et vous savez quoi ? Ils rechercheront la justice. Ou ce qui peut être imputé à justice : la foi.

Nous n'avons pas plus de chances de passer devant eux que de passer devant Python. Qu'accepteront-ils qui rend la situation différente ? Ils acceptent les commandements de Dieu. Ils vous regarderont, secoueront leurs têtes à quatre côtés, puis ils regarderont votre invitation gravée à entrer dans une alliance de seuil avec Dieu. Ils se demanderont sans doute pourquoi Il veut que vous soyez appelé 'Ami de Dieu' mais ils reconnaîtront le Sang de Jésus dans la signature sur l'invitation. Et ils vous laisseront passer.

Combien de temps cela prend-il pour que les saints chérubins remplacent Python et son équipe ? Pas longtemps en temps céleste. Mais c'est différent en temps terrestre.

Alors vous attendez.

Vous 'vous' attendez au Seigneur : vous vous liez à Lui.

*Car nous n'avons pas à lutter contre la chair et le sang, mais contre les dominations, contre les **autorités**, contre les princes de ce monde de ténèbres, contre les esprits méchants dans les lieux célestes.*

Éphésiens 6:12 LSG

Je crois que Python et ses alliés appartiennent à une classe d'êtres angéliques appelés 'exousias', traduits par *autorités* ci-dessus.[35] Si je comprends bien, ces entités sont à un rang plus élevé que les *dominations* et à un rang moins élevé que les *princes de ce monde*.[36] Certaines de ces *dominations* appartiennent au rang des chérubins – d'autres non. L'esprit de Léviathan, par exemple, est clairement un séraphin déchu.

Bien que Python, à cause de sa nature déchue, soit naturellement hostile envers les entités telles que Léviathan, ils mettent néanmoins de côté leurs luttes intestines pour la cause commune. Ils conspirent ensemble pour empêcher les personnes comme vous et moi de franchir le seuil vers notre destinée. Toute inimitié entre eux – et il y en a plein – est balayée pour garantir que nous n'entrions jamais dans notre destinée. Ils ne cesseront jamais de s'opposer à nous, ne cesseront pas de faire des efforts pour s'assurer que nous ne franchissions jamais la démarcation entre le statut d' 'enfant de Dieu' à 'ami de Dieu'.

Ils ne peuvent pas se le permettre. Parce que finalement – pas immédiatement, mais à la fin – s'ils ne nous arrêtent pas, ils mourront. C'est la fin qui est prophétisée dans le Psaume 82 : ce sont des êtres immortels qui mourront comme des hommes mortels à cause de leur perpétration d'injustice et de malveillance contre nous.

Cependant, une fois que nous franchissons le seuil, Dieu nous confère immédiatement un honneur que nous pouvons difficilement comprendre. En tant qu'amis de Dieu, nous sommes également invités au conseil de Dieu. Tout comme des amis échangent des secrets, nous commençons à nous voir confier des secrets confidentiels de Dieu. Comme Abraham lorsqu'il reçut une alliance de seuil et devint l' 'Ami de Dieu', par ces secrets, nous recevons le privilège de négocier avec Dieu Lui-même concernant le sort des villes et des nations.

Lorsque Dieu se confie à vous à propos du jugement à venir, Il vient en tant que Juge juste vous demandant de Lui donner une raison d'être miséricordieux. Lorsque Dieu révéla à Abraham ce secret, qu'Il était venu en tant de Juge en ce qui concernait Sodome et Gomorrhe, Il permit à Abraham de faire appel concernant la sentence.

C'est comme si Abraham n'était pas seulement devenu un 'Ami de Dieu' mais un 'Ami de la Cour'.

En Australie, l'Ami de la Cour occupe un poste non-rémunéré qui n'est jamais annoncé. C'était la prérogative exclusive du juge que de nommer un Ami de la Cour pour une affaire particulière. La personne nommée ne doit recevoir aucun avantage en rapport avec ce poste, ne doit pas prendre parti dans une affaire, et doit être complètement indépendante et impartiale.

Il existe un système similaire aux Etats-Unis appelé 'amicus curiae'.

Le système judiciaire peut être mécanique, basé sur des formules et légaliste, l'accent étant mis sur l'aptitude d'un avocat à plaider en faveur de son client. Des preuves essentielles peuvent être étouffées en raison d'un point de détail ou par simple ignorance. La clémence envers l'accusé ou la justice pour la victime peuvent facilement être piétinées durant les procédures judiciaires. Le droit peut être respecté mais la justice refusée. De plus, des fardeaux inutiles pourraient être placés sur la société.

Un Ami de la Cour gardera à l'esprit l'ensemble de la situation et visera à respecter *tout* ce que la Cour représente : la vérité sans compromis, la promotion de la paix, la justice pour la victime, à la fois la miséricorde et la justice pour l'accusé, la réduction des coûts et des fardeaux pour la société – de préférence, en fait, un résultat qui bénéficie à l'ensemble de la société. Si un Ami de la Cour peut négocier pour un jugement qui plaît à toutes les parties – la partie civile, la défense et le juge – tout le monde sort gagnant.

Ceci n'est pas sans rappeler notre destinée au sein du Conseil de Dieu après avoir franchi le seuil. Nous ne pouvons pas demander n'importe quoi : par exemple, nous ne pouvons pas demander la paix dans le monde parce que la Parole de Dieu dit qu'il y aura toujours des guerres et des bruits de guerre. Mais nous pouvons demander que les guerres soient minimisées.

Nous ne pouvons pas demander que les jugements de Dieu soient renversés. Parce que nous Lui demanderions de renier Sa justice, Sa sainteté et Sa justice. Mais nous pouvons demander que ce que nous devons récolter soit minimisé – et donc demandé la miséricorde.

> [L'intention de Dieu est qu'] *ainsi, les dominations et les autorités dans les lieux célestes connaissent maintenant par le moyen de l'Eglise la sagesse infiniment variée de Dieu.*
>
> Éphésiens 3:10 SG21

Ceci est un autre aspect de l'obtention de la victoire sur Python. Notre vocation individuelle fait partie de la vocation globale de l'Église. Et quelle que soit notre destinée unique au sein du Corps tout entier, une partie intégrante de cette destinée est d'enseigner à Python que la sagesse de Dieu est si élevée que nous ne pouvons même pas l'imaginer. Il est question ici de la gloire de Dieu. Et le fait qu'Il prend plaisir à Son peuple.

Dieu veut nous amener à la maturité ; Il veut transformer Sa relation avec nous par l'alliance de nom et de seuil ; Il veut que nous soyons Ses amis ainsi que Ses enfants ; Il veut réparer l'histoire et guérir la terre ; Il veut que nous progressions plus loin que le salut et par le processus de sanctification ; Il veut que nous soyons transformés de gloire en gloire, le glorifiant et reflétant Sa gloire.

Dieu n'étrangle jamais ; Il ne gaspille jamais ; Il n'use jamais de représailles. Il attend que vous acceptiez son invitation à franchir le seuil et devenir Son ami.

Mais c'est à vous de décider si vous L'acceptez ou non. La balle est dans votre camp.

Quel que soit ce que Python fait dans vos circonstances par l'étranglement, le silence, l'ambiguïté, l'intimidation, le tourment, la séduction, la jalousie ou le sacrifice, Dieu est toujours sur le trône.

Je vais vous donner un dernier mot de l'apôtre Paul sur le sujet de Python et de ses puissances alliées : *En effet, j'ai l'assurance que ni la mort ni la vie, ni les anges ni les dominations, ni le présent ni l'avenir, ni les puissances, ni la hauteur, ni la profondeur, ni aucune autre créature ne pourra nous séparer de l'amour de Dieu manifesté en Jésus-Christ notre Seigneur.* (Romains 8:38-39 SG21)

L'amour n'est pas seulement notre réponse à toutes les tactiques de Python, mais aussi la réponse de Dieu.

# *Prière*

Père, merci d'avoir envoyé Jésus comme Bon Berger. Merci de ce qu'Il me guide et me conduit dans les pâturages, me rafraîchit et me connaît. Je pensais que moi aussi je Te connaissais et Lui aussi, mais je me rends compte que j'avais *entendu parler* de Toi beaucoup plus que je ne Te connaissais vraiment. Tu veux que notre relation d'amour soit dans le bon ordre et je me bouche continuellement les oreilles – que Tu murmures ou que Tu cries. Pardonne-moi de T'avoir ignoré et d'avoir ignoré Ta Parole.

Pardonne-moi de m'être mis(e) en accord avec Python. Pardonne-moi pour la tension que cela a causé dans ma relation avec Toi et les autres. Pardonne-moi de m'être offerte, d'avoir offert les autres et de T'avoir offert à Python. Pardonne-moi pour ma complicité avec les autres dans leurs sacrifices à Python. Pardonne-moi d'avoir déshonoré Python, de n'avoir pas compris que Tu lui as donné le droit de tester tous mes choix – et ainsi de T'avoir indirectement rendu responsable. Pardonne-moi toutes les manières dont j'ai essayé d'utiliser une formule ou une technique pour franchir le seuil, au lieu de Te demander. Pardonne-moi pour mon obstination.

Merci de ce que Tu as sacrifié Ta vie et Tu es mon Berger et mon Guide malgré mes échecs.

Père, Python m'a incité(e) à plusieurs reprises à me détourner de Toi. Il sait que lorsque je me tourne vers Toi et que je cherche Ta face de tout mon cœur, de toute mon âme et de toute ma force, je découvrirai le secret pour pour le surmonter et le vaincre. Il veut que je me concentre sur lui, au lieu de bâtir une relation d'amour intime avec Toi.

Il veut que je pense que la foi et l'autorité le prive de pouvoir. Je me repens des fois où j'ai essayé de déclarer mon autorité lorsque dans mon ignorance j'agissais en opposition avec Ta Parole.

Je Te demande de remplir mon cœur de Ton amour racheté et de clouer à la Croix de Jésus tout amour charnel, non régénéré qui satisfait mes désirs personnels plutôt que de se soumettre à Ta volonté. Père, fais-moi traverser le seuil en toute sécurité. Comme le Bon Berger porterait une brebis blessée sur Ses épaules, soulève-moi et guéris-moi de toute douleur, frustration, et chagrin qui provient du fait de ne pas voir ton Appel pour ma vie accompli.

Merci de ce que Tu es prêt à me reprendre.

Au Nom de Jésus, le Bon Berger et la Porte des Brebis. Amen.

## Annexe 1

## Résumé bref :

Python est un ange déchu. C'est un gardien de seuil et il appartient à la classe d'anges appelés chérubins. Dieu lui a conféré le droit légal de tester les choix des êtres humains lorsque nous approchons un seuil vers notre destinée. Parce que c'est un chérubin gardien dont le rôle est de défendre le seuil pour que seuls les justes entrent, il recherche la justice et la droiture. Puisque la foi peut être imputée à justice, il la testera également.

Ses tactiques principales pour assécher notre foi sont :

- l'étranglement
- le silence et l'ambiguïté
- la divination
- l'intimidation
- la séduction
- la maladie et la souffrance
- l'exigence d'un sacrifice
- la jalousie

En répondant à son exigence d'un sacrifice, nous sommes tenté(e)s de :

- nous sacrifier nous-mêmes
- sacrifier les autres
- sacrifier l'honneur de Dieu

Chacun de ces comportements nous rendent complices avec Python et nous font entrer dans une alliance avec lui, nous éloignant de la couverture protectrice de Dieu. Parce que la nature de l'alliance est l'unité, nous ne sommes pas vraiment un avec Dieu tant que nous avons une alliance avec un esprit autre que Son Saint-Esprit.

Python peut accepter les points (2) ou (3) ci-dessus comme étant suffisants pour que nous franchissions le seuil – mais ces sacrifices particuliers nous exposent à aux représailles de Léviathan. Le point (1) équivaut à de l'auto-sabotage : nous faisons le travail de Python à sa place.

En réalité, nous faisons le travail de Python à sa place chaque fois que nous ne reconnaissons pas que Jésus est le sacrifice complet et suffisant pour franchir n'importe quel seuil.

Pour vaincre Python, il est important de reconnaître que le fait d'avoir plus de foi n'est pas la solution. L'amour est la solution.

Le premier pas pour vaincre Python est d'identifier et de se repentir de tout faux refuge ou zone de réconfort loin de Dieu lorsqu'on est déçu. La deuxième étape est de passer le test et de se tourner vers Dieu à la déception suivante. La troisième étape consiste à révoquer toute alliance avec Python qui existe dans ma lignée familiale et de renoncer à notre propre complicité par le sacrifice.

Python a des alliés. S'il sent venir sa défaite, il peut convoquer l'un des esprits de haut niveau dont les tactiques sont totalement différentes mais dont l'objectif est le même. Ces esprits incluent l'esprit de gaspillage, de représailles, d'oubli, de rejet, un esprit vampire et l'esprit des armées.

Ne liez pas ces esprits. Ne les insultez pas, ne les injuriez pas et ne leur donnez pas des noms d'oiseaux.

Demandez au Seigneur de les réprimander. Toute personne qui déshonore ces esprits est passible des sanctions énumérées dans Jude 1:9–11 et 2 Pierre 2:10–12. Donc, ne faites pas la routine de 'Tout a été accompli à la Croix'. Ces versets étaient écrits aux croyants !

Et n'abusez pas non plus de la miséricorde de Dieu. Faites ce qui est écrit dans Apocalypse 2:16 de manière voilée concernant le fait de succomber aux tactiques de Python. 'Repens-toi !'

Et faites-le promptement.

# Annexe 2

## Divers

Cette annexe couvre certaines questions qui ont été posées au fil des années à mesure que j'enquêtais sur Python. Au moment de la rédaction, je n'avais pas de réponse ou je n'avais que des hypothèses. Je les inclus ici pour que vous discerniez et que vous y réfléchissiez.

*Question 1 :* Python est-il responsable des causes spirituelles de la perte auditive ?

C'est certain, la perte auditive est un étranglement. Cependant, l'étranglement isolé ne suffit pas à indiquer la présence de Python. 'La voie étroite' que Jésus recommande peut parfois sembler être un étranglement.

La question de la perte auditive est en fait une question complexe parce que l'exemple scripturaire de la perte auditive se produit sur le seuil lorsque Simon Pierre coupe l'oreille du serviteur de Souverain sacrificateur. C'est certainement un seuil – Jésus est en train d'être arrêté – et Jésus lui a dit que l'ennemi l'a réclamé pour les tester.

Mais la manière dont Jésus lui a parlé pour l'informer du plan de l'ennemi est vraiment intéressante : *'Simon, Simon Satan vous a réclamés, pour vous cribler comme le froment.'* Luc 22:31-32 LSG

Jésus ne l'appelle pas 'Pierre' ni 'Céphas'. Il l'appelle 'Simon', un nom qui signifie *entendre*. Le mot a la signification hébraïque qui est *écouter attentivement et obéir*, pas la signification grecque qui est *détecter un son*.

Alors le souverain sacrificateur était Caïphe – essentiellement le même nom que Céphas, le nom que Jésus lui avait donné. Céphas est simplement une *pierre de seuil* ou *la pierre angulaire*, et Jésus a donné à Simon ce nom durant une alliance de nom à Césarée de Philippe. Simon appela Jésus 'Messie' et en échange, Jésus lui donna un de Ses propres noms : Céphas, *pierre angulaire*.

Normal en ce qui concerne les échanges de noms. Abram a vécu un échange similaire lorsqu'il est devenu Abraham.

Alors, bien-sûr, Céphas ne remplace évidemment pas le nom Simon. C'était le moment où 'Simon était testé' ; le test de 'Céphas' arriverait dans la cour de Caïphe.

Le nom de Simon renvoie à Siméon, l'un des fils de Jacob. À la fin de la vie de Jacob, lorsqu'il bénit des fils, il donne le droit d'aînesse du premier-né à Judah, outrepassant ses frères aînés Ruben, Siméon et Lévi. Siméon a perdu son héritage à cause de la violence de son épée.

Donc cela suggère que l'appel de Simon était d'hériter de ce que Siméon a perdu, en choisissant de choisir de ne pas recourir à la violence à un instant critique. Le symbolisme de la 'perte d'une oreille' évoque la perte de l'identité et de l'héritage de Simon ainsi que son manquement à réparer les blessures de l'histoire pouvant être retracées jusqu'à Siméon.

Jésus guérit l'oreille du serviteur – étant donc Celui dont la mission de 'réparer le monde' englobe même la violence des fils de Jacob.

Mais, revenons à ma première question : Python a-t-il quelque chose à voir avec les causes spirituelles de la perte de l'ouïe ?

Au sens large, c'est difficile à dire. Mais je pense qu'en relation avec des noms comme Simon ou Pierre, cela pourrait bien être le cas.

Une question liée à la précédente est : Python a-t-il quelque chose à voir avec les causes spirituelles de la schizophrénie ?

Je crois, parce que j'ai lu German New Medicine, que les causes spirituelles de la schizophrénie sont deux vœux. L'un de ces vœux est caché, et l'autre à quelque chose à voir avec l'écoute. Ou pour être plus précis, le vœu de ne jamais écouter.

Si la réponse en ce qui concerne 'la perte de l'ouïe' est *oui* en général, plutôt que *oui* dans des cas très spécifiques en relation avec des noms très spécifiques, je crois que la réponse pour la 'schizophrénie' est aussi *oui*.

*Question 2 :* Python est-il responsable des causes spirituelles du Syndrome d'Asperger ?

D'après mon expérience, Dieu protège bien que Sa Parole ; Il protège les mots. Bien que leur signification change au fil des temps, les sons conservent un élément de la signification originelle. La signification originelle n'est jamais complètement effacée, même si elle est complètement inversée. Bien-sûr, les nuances culturelles doivent être prises en compte, mais pour autant, le sens et la résonance persistent de manière remarquable.

Tout cela pour dire que les noms donnés aux maladies ont des connotations mythiques dont on soupçonnerait à peine la présence. Je suis d'avis que la maladie d'Alzheimer par exemple, encode le nom d'un dieu qui est capable d'interférer avec la mémoire. En ce qui concerne le syndrome d'Asperger, eh bien 'as' est un mot teutonique qui signifie *dieu* et 'per' prend généralement le sens d'un *début*, une *ouverture* ou un *seuil* dans plusieurs langues.

Les personnes qui souffrent du syndrome d'Asperger ont démesurément peur de franchir les limites. Elles veulent connaître les règles. Elles sont réconfortées par des lois et des règlements clairs. Elles détestent les surprises. Elles rencontrent souvent des problèmes parce qu'elles s'opposent aux personnes qui enfreignent les règles.

Sean souffrait du syndrome d'Asperger. Il savait qu'il y avait des zones dans l'enceinte de l'école qui étaient hors limites et il faisait attention de rester en-dehors de ces zones. Un jour, un nouveau professeur de sport dirigea la classe vers une zone ovale que Sean savait être hors limites. Il refusa d'y mettre les pieds. Il refusa de franchir la limite. Le professeur furieux le jugea rebelle et provocateur et ne prit pas le temps de se renseigner pour comprendre que, bien que Sean soit conscient que les 'règles peuvent avoir des exceptions', personne ne lui avait dit que c'en était une. Personne ne l'avait informé du fait qu'un professeur de sport a le droit de déclarer une zone hors limites accessible.

Les scénarios comme celui-là sont tellement fréquents chez les personnes souffrant d'Asperger, que je soupçonne que l'aspect spirituel est lié à Python.

La justice et droiture sont hyper importantes pour les personnes qui souffrent d'Asperger ; la 'loi' est une bouée de sauvetage qui les garde en sécurité ; la connaissance des règles est un énorme réconfort ; la grâce est une notion quasiment incompréhensible.

Il est extrêmement difficile d'amener une personne souffrant d'Asperger à voir que 'la loi' est un faux refuge et à s'en repentir. Il est terriblement difficile de démanteler la dépendance vis à vis des règles. Le seul moyen pourrait être de les amener à réfléchir à des cas comme celui d'Anton Logan, emprisonné pendant[26] ans pour un crime qu'il n'avait non seulement pas commis mais dont les deux avocats savaient qu'il ne l'avait pas commis. Qu'est-ce qui est plus important : la justice pour un homme innocent ou respecter la règle du secret professionnel entre avocats et clients ?[37]

*Question 3 :* Python a-t-il quelque chose à voir avec les perturbateurs endocriniens ?

La première fois que j'ai vu le mot *phthalates*, j'ai remarqué la série de consonantes inhabituelles au début du mot : **phth**. Cela m'a rappelé les translittérations anglaises des mots liés à Python : mi**phth**an, par exemple – le seuil profané qui indique la présence de Python. Ou Je**phth**é, le nom du juge en Israël qui fit un vœu irréfléchi sacrifiant la première chose qui passerait par-dessus son seuil lorsqu'il reviendrait de la bataille.

La combinaison particulière des lettres en hébreu (**פת**) évoque les seuils et Python. Bien que ce ne soit pas évident en anglais que les tactiques de l'esprit sont liées à son nom, en hébreu ces consonantes – parfois représentées par **pt**,[38] ainsi que **phth** – sont comme des alertes indiquant sa nature et sa présence. Regardez cette liste de mots et repensez à la nature de Python, à ses stratégies et ses plans :

**phth**n : *cobra, aspic, serpent, vipère, python*

**phth** : *charnière, quelque chose qui s'ouvre*

**phth**m : *soudain*

**phth**h : *séduire, attirer, tenter, appâter, dupé*

**phth**y : *insensé, simple, crédule, séduisible*

**phth**l : *torsion, tortueux, rusé, lutte*

**phth**ltl : *tordu, tortueux*

**Phth**wr : *Péthor*, ville de Balaam le devin, qui signifie probablement *divination*

**phth**ch : *portail, ouverture, déroulement* ou *apparence* (à travers une porte ou barrière, ou d'un utérus), *poser une devinette, exposer une ambiguïté*

**phth**chh : *épée dégainée* (dans le sens d'*apparaître brusquement*)

**phth**r : *interpréter les rêves* – lié à la *divination*

Vous comprenez pourquoi tout ce qui est appelé **phth**alates me semble suspect ?

Les phtalates sont des sels ou des esters d'acides phtaliques et ils sont utilisés dans les matières plastiques pour augmenter leur souplesse, leur transparence, leur durabilité et leur longévité. On les trouve aussi dans certains produits cosmétiques, des lotions parfumées, des gels lavants pour le corps et des vernis à ongles. Ils sont toxiques et causent des perturbations endocriniennes, des cancers et des troubles du développement et de la reproduction.

Alors, j'ai déjà dit que je crois que Dieu protège les mots. Donc, bien que jusqu'ici je n'ai pas été capable de trouver l'étymologie des mots phtalates et phtalique – un site internet suggère qu'ils étaient d'origine grecque et un autre, perse – je me réserve le droit de soupçonner que Dieu nous a donné ce mot pour nous dire que Python est impliqué.

Certainement, certaines parties du système endocrinien ont des noms qui évoquent les 'seuils'. La thyroïde fait partie du système endocrinien. Le nom est tiré du mot grec qui signifie *bouclier* parce que, pertinemment, il est en forme de bouclier. Ceci dit, ce mot grec ne désigne pas juste un *bouclier* – il désigne aussi une porte. C'est le mot que Paul a utilisé dans l'expression le *bouclier de la foi* lorsqu'il a décrit l'Armure de Dieu. Et ce n'est pas juste le *bouclier de la foi*, c'est aussi la *porte de la foi*.

Et la foi, bien-sûr, c'est exactement ce dont Python veut nous priver.

Les problèmes liés à la thyroïde pourraient être une indication dans le domaine physique d'un problème avec Python dans le domaine spirituel.

*Question 4 :* Python a-t-il quelque chose à voir avec les causes spirituelles des problèmes de cou et de gorge ?

Il fut un temps où je ne pouvais bouger mon cou qu'un tout petit peu. Juste de quelques centimètres, pas plus. Quand j'y repense, je vois que c'était une période où j'allais franchir un seuil. J'écrivais à l'époque un roman pour enfants, et bien que ce ne soit mon premier livre, c'était le premier pour lequel j'avais sérieusement essayé de trouver un éditeur.

Pendant plus de trois mois, pour aucune raison perceptible, je ne pouvais pas du tout tourner mon cou. Il était raide et endolori et pratiquement bloqué dans une seule position. Finalement, un jour je me suis dit qu'il pourrait y voir un problème spirituel. Alors j'ai prié, 'Seigneur, s'il y a une attaque par un esprit impur, pourrais-Tu s'il te plait le chasser ?

Rien n'a changé pendant environ trois minutes. Puis j'ai eu une sensation forte, comme si un câble géant avec des nœuds était en train d'être retiré de mon corps. La sensation progressait jusqu'au nœud puis je sursautais de douleur. Puis un autre nœud ; sursaut. Un autre nœud ; sursaut. Mais au bout de quelques instants, j'étais totalement libre. J'ai loué et remercié Dieu... et ma vie a repris son cours.

Mon cou était parfaitement guéri pendant une longue période de temps. Mais le problème est revenu. Et on penserait logiquement que je suis directement retournée vers le Seigneur. Mais non. J'avais oublié. J'avais oublié que le problème s'était précédemment avéré être spirituel, j'avais oublié qu'une simple prière avait résolu le problème. Quelques semaines sont passées puis – *soudain* – je me suis souvenue. Je ne me sentais pas futée. Comment ai-je pu oublier ? Je me suis remise à prier, et le câble à nœuds est sorti une fois de plus.

Était-ce Python ? Je le crois.

Le mot *neck*, le cou, est après tout dérivé du mot 'anaq', qui correspond au nom des fils d'Anak – les géants qui intimidèrent la majorité des espions qui exploraient la Terre Promise. Le sens premier du mot 'anaq' est *limiter, étouffer, étrangler* ou *nœud coulant*, cependant plus tard il a pris un sens beaucoup moins sinistre comme *collier* et *pendentif*. Ces géants étaient des descendants des Nephilim et étaient des agents de l'esprit de Python.

Alors, à mon avis, la partie la plus importante de cet événement n'était pas mon cou douloureux—aussi problématique que c'était, le problème le plus grave était le fait que j'ai oublié.

Alors l'oubli n'est pas une tactique de Python. C'est plutôt une tactique de l'esprit d'oubli – un allié de Python.

L'esprit d'oubli est celui qui démembre la vérité. Le contraire de *remember*, se souvenir, est en effet, *dismember* , démembrer et le mot grec, 'aletheia', est dérivé de *ne pas oublier*.

Et ainsi, nous pouvons tirer de cela que l'une des meilleures approches pour surmonter l'esprit d'oubli est de demander à Dieu de réintégrer la vérité dans nos vies.

# Annexe 3
## Symboles courants représentant Python

Cette liste, bien qu'elle soit plutôt riche, n'est absolument pas exhaustive. Dieu mettra souvent en lumière la présence de Python dans votre vie en utilisant un 'langage obscur' ; c'est un langage voilé, en paraboles, en rêves imagés et en devinettes pour signaler son retour dans votre vie. Les devinettes et l'ambiguïté, nous devons nous en souvenir, n'ont pas été créé(e)s par Python. Il les utilise simplement contre nous. Et les nombres et les symboles n'appartiennent pas non plus à Python. Ils ont été volés. Même un serpent enroulé autour d'un poteau était à l'origine le signe de la guérison révélé par Dieu.

Bien-sûr, un seul exemple de ce qui suit n'indique pas forcément la présence de Python. Il est important de rechercher un motif répétitif, pas un cas isolé. Plusieurs des indices suivants indiquent généralement l'activité spécifique de Python, pourvu qu'elle contienne un des éléments de la première ligne ci-dessous. Autrement, la présence de plusieurs éléments indique généralement l'activité d'un autre esprit de seuil.

- serpent, cobra, aspic, vipère, couleuvre, coq
- typhon, tourbillon, ouragan, cyclone
- nord, étoile du nord
- premier-né
- porte, ouverture, seuil, charnière
- ponts, quais, pylônes, frontières, limites, portails
- diseur de bonne aventure, devin, sourcier
- portier, gardien, sentinelle, garde
- sphinx ou chien tricéphale Cerbère
- bâton symbolique de la profession médicale
- talon, pied, meurtrissures
- les noms comme Pierre et Jacob ou ceux qui commencent par 'Jan-' ou 'Cleo-' ou Thomas ; il y a plusieurs noms qui sont liés aux seuils, mais ceux-ci semblent plus particulièrement associés à Python qu'à ses esprits alliés.
- la lettre E, le mot 'si'
- double face, deux têtes
- cordon torsadé, mèche

- cou, collier, pendentif, écharpe, nœud coulant, étranglement, étouffement

- vol de 5 ou de 101

- carreleur dans la Franc-Maçonnerie et autres loges similaires

- joug, yoga et tout terme associé au yoga

- les images comme Darth Vader, Tyler Durden, Scylla et Charybde, les sirènes de la mythologie grecque, la Médusé, les géants

- les chérubins, les épées

# Annexe 4
## Le fauteuil d'argent

Une analyse discursive du roman fantastique du *Monde de Narnia* avec une référence particulière à Python et à d'autres esprits de seuil.

Prière de relire la fin de l'Introduction avant de lire cette note.

Il était une fois, à la toute fin de mon adolescence, une période où j'ai découvert *Le Monde de Narnia* et j'ai lu toute la série en une semaine. À cette époque, j'aurai probablement attribué au quatrième livre, *Le Fauteuil d'Argent*, pas plus de deux étoiles sur cinq. Mais juste parce que je me sentais généreuse et je baignais encore dans l'auréole du troisième livre, *L'Odyssée du Passeur d'Aurore*.

À un certain point durant les décennies qui suivirent, *Le Fauteuil d'Argent* passa du bas de mon classement au sommet. Je veux dire *tout* au sommet. Aujourd'hui je lui donnerais plus de cinq étoiles. Son ascension a été régulière ; modeste au début, il finit par entrer et sortir de la liste de mes dix livres préférés pendant un bon bout de temps. Il est maintenant un prétendant sérieux à la première place du tableau d'honneur.

J'ai commencé à changer d'avis lorsque j'ai participé à une conférence de L'Abri où se trouvaient Jerram Barrs et Wim Rietkirk à l'université du Queensland au début des années 80. L'un d'entre eux – je pense que c'était Rietkirk – a cité en détail des extraits de la scène où Rilian, Puddleglum et les enfants affrontent la Dame à la Robe verte pendant qu'elle répand son sortilège de confusion dans le Monde Souterrain. Je ne me souviens pas exactement ce qu'ils ont dit mais cette scène a changé mon appréciation du livre tout entier. Il cessa d'être le livre qui me plaisait le moins et commencer son ascension lente.

Puis vint la série de la BBC avec Tom Baker, (le quatrième Docteur dans la série télévisée *Doctor Who* dans le rôle de Puddleglum l'homme des marais. Une représentation tellement respectamarécageuse ! J'ai tellement aimé cette série, et le livre a une fois de plus grimpé sur mon échelle. (J'ai même aimé la partie qu'ils ont ajoutée, quand Eustache parle au dragon – un détail tellement parfait !)

Puis j'ai commencé à écrire mes propres livres. J'ai aimé les deux livres de *Narnia*, j'en ai détesté deux et j'ai trouvé que les trois autres étaient moyens. Ce fut une surprise énorme pour moi lorsque, quand je me mis à écrire, je me retrouvais en train de vouloir écrire 'l'histoire manquante' se déroulant à Ettinsmoor ! Jusqu'à ce que j'arrive à la moitié du chapitre 1 de *La forêt de Merlin*, je n'avais aucune idée que je considérais Narnia comme étant incomplet, et encore moins que son caractère inachevé était lié à une histoire centrée sur Ettinsmoor. Heureusement, le bon sens a pris le dessus et mon histoire a déménagé pour se retrouver sur une tout autre planète ! Toutefois, des échos légers de mon flirt avec Ettinsmoor sont encore perceptibles tout au long du récit.

Suite à cette expérience, je me suis rendu compte que quelque chose de profondément ancré dans mon esprit était connecté à quelque chose de profond dans cette histoire, malgré mes réserves superficielles m'empêchant de de l'aimer.

Ce bond vers l'avant résulta de deux livres : *Planète Narnia* et *Green Suns and Faërie*.

J'aime beaucoup *Planète Narnia*. Je pense que c'est une enquête géniale et incisive sur un code qui d'après l'auteur, Michael Ward, a été utilisé tout au long de la série de *Narnia* comme une unité thématique générale. Son hypothèse est que les sept livres du *Monde* sont basés sur les sept planètes médiévales – Mercure, Vénus, Mars, Jupiter, Saturne, le Soleil et la Lune. Ce ne sont bien-sûr pas les planètes modernes.

Alors, bien que je pense que l'analyse de Ward est géniale, je suis aussi d'avis qu'elle est erronée. De manière très subtile. Autant que la différence entre le Pôle Nord et le Pôle Nord magnétique.

Je succombais au charme de sa prémisse centrale – que la série de *Narnia* est basée sur les sept planètes médiévales – lorsque je fus stupéfaite par une erreur évidente. *Le Fauteuil d'Argent* n'est pas, à mon avis, centré autour de la Lune. Il est centré sur les géants – et dans la mythologie classique, la planète associée avec les géants n'a jamais été la Lune. (C'est différent dans la mythologie scandinave, où Mani la lune est le géant qui capture les enfants et qui est devenu la fondation de la rime de *Jack and Jill*. Mais Ward présente ses trouvailles sur la base de l'érudition classique, et non des connaissances teutoniques.) Dans la mythologie romaine, le géant doit être Titan, Chronos – identifié à Saturne – ou son fils, Jupiter.

En effet, 40% des chapitres du *Fauteuil d'Argent* traitent directement de géants ou de leurs agissements. J'avais l'impression que Ward a été influencé par le mot *argent* et ses associations poétiques répandues avec la lune.

Alors malgré le fait que Ben Jonson ait décrit la déesse de la lune Cynthia[39] comme étant assise dans un fauteuil d'argent, je ne crois toujours pas que l'histoire a un thème lunaire. Je ne pense pas que Lewis se soit inspiré de Jonson. Je crois plutôt que l'aspect argenté du fauteuil est un autre hommage (parmi plusieurs) de Jack à son ami et collègue, Ronald Tolkien.

Dans la collection d'articles spécialisés, *Green Suns and Faërie*, Verlyn Flieger écrit à propos de la réécriture d'un conte folklorique breton sur une variante du thème de la légende d'Orphée – ce héros grec qui s'est rendu aux

Enfers pour ramener sa bien-aimée qui était morte – par JRR Tolkien.

Ce conte folklorique breton inclut le korrigan – cette créature féerique qui est assise sur un fauteuil d'argent, règne sur un monde souterrain et cherche à attirer le héros dans le royaume des ténèbres. On voit tout de suite un fil conducteur de l'intrigue du *Fauteuil d'argent*.[40] L'histoire ne se termine pas bien pour le héros de ce conte folklorique, donc la version de Lewis qui est une variante d'une variante est plus conforme au thème de la vie heureuse du poème médiéval, *Sir Orfeo*. (Oui, les fans du *Seigneur des Anneaux* reconnaîtront à peine ce poème comme étant une des obsessions de Tolkien – sa traduction de cette œuvre médiévale apparaît dans la collection qui inclut *Sire Gauvain et le Chevalier vert* ainsi que *Perle*.)

La synchronisation de l'intrigue du *Fauteuil d'Argent* avec celle du conte folklorique suggère que *l'argent* à davantage à voir avec les descriptions que Tolkien a faites du fauteuil du Korrigan que tout aspect lunaire.

Le Korrigan est un résident relativement obscur des territoires des sylphides. Je soupçonne que son nom rappelait à Lewis le Morrighan – la déesse de la guerre de Ulster, la terre où il est né. Le Morrighan est supposé être le précurseur de la sorcière et reine Morgan le Fay dans les romans arthuriens. C'est un point important parce que Lewis était sérieusement tenté d'appeler la Sorcière Blanche 'Morgan' et non 'Jadis', comme l'indiquent des premières versions du *Neveu du Magicien*. L'inspiration du Korrigan comme étant un parent éloigné du Morrighan est évoquée je crois, dans la parenté distante entre les sorcières du nord et Jadis.

Jadis a, comme Aslan, des échos des noms scandinaves. (Oui, je suis au courant de l'origine turque présumée du nom Aslan : les cigarettes turques appelées Aslans ayant des photos de lions. Les *contes des Mille et Une Nuits* qui ont des lions, des aslans. Hmm. Provenant d'un homme qui se reconnaît comme ayant un réel engouement pour le nord ? Alors qu'Aslan en vieux norrois est *dieu de la terre* ?!) Il y a plusieurs traductions possibles de Jadis en vieux norrois, mais je penche plutôt pour *la sorcière mère Bois-de-fer*. Ce qui explique probablement l'apparition de Fenris Ulf au lieu de Maugrim dans les éditions américaines : parce que lui aussi vient du légendaire Bois-de-fer de la mythologie scandinave.

Je suis continuellement surprise par cette tendance bizarre qu'ont ceux qui écrivent sur Lewis à ignorer l'ancienne langue islandaise. Il y a trop d'allusions à la mythologie scandinave pour rechercher des réponses dans le sud de la Méditerranée, à mon avis. Bien-sûr, il est possible qu'il y ait des jeux de mots incluant du latin ou du turc dans le paysage tourbillonnant de neige de Narnia, mais je considère cela comme étant semblable aux calembours multilingues de Jésus lorsqu'Il parlait du Mauvais Œil ou aux multiples allusions interculturelles que Paul a incluses dans les différentes facettes de l'armure.

Donc, je me tourne vers le nord, et je réitérerai que les

géants dominent le conte du *Fauteuil d'Argent*, bien plus que les choses argentées, aquatiques ou lunaires. Et dans la mythologie scandinave, les géants sont les thurses, les rises et les jotuns ; ils sont liés aux ettins ou eotens (ogres) desquels Tolkien a dérivé le nom, ents. Même dans le folklore irlandais, l'Ogre rouge est un géant semblable à celui de Jacques et le haricot magique. C'est également là que prend forme le nom Ettinsmoor ; c'est la lande des géants située en hauteur. Le tout s'intègre bien. C'est probablement basé sur la région en bordure de l'Ecosse, puisque la légende folklorique du géant du broch d'Edinshall (*edin* étant une variante d'*ogre*) parle d'un jeu de jets de pierres – qui consiste à lancer une roche du haut de la colline dans le fleuve de Whiteadder. (Et oui, bien-sûr il y a un ruisseau appelé Blackadder tout près).

Alors des géants qui lancent des rochers sont exactement ce que Eustace, Jill et Puddleglum rencontrent lorsqu'ils traversent les déserts du nord. A Ettinsmoor, ils observent des ogres. Tout cela est joliment ordonné.

Alors dans la mythologie scandinave, les gnomes et les géants sont parfois confondus. Donc, s'il est admissible d'ajouter des chapitres sur les gnomes au nombre des géants, plus de 50% du livre est dédié aux grands gaillards. Pour en revenir au principe de base du livre de Michael Ward, *Planète Narnia* – qui est que les histoires sont organisées autour du thème des planètes médiévales – je voudrais suggérer que son idée générale est correcte, même si les détails sont erronés. La planète géante n'est pas la lune mais plutôt Jupiter. Et à l'époque médiévale Jupiter était égalée avec Thor. Ils manipulent tous les deux la foudre, ce qui est un parallèle évident.

Nous faisons tout le temps référence à Thor, même comme très peu d'entre nous en sont conscients. Lorsque les tribus germaniques ont adopté le calendrier hebdomadaire romain, ils ont remplacé les dieux romains par les leurs. Le 'dies Iovis' latin, *le jour de Jupiter*, a été renommé 'Þonares dagaz', *le jour de Thor*, d'où est tiré notre mot moderne anglais, *Thursday*.

Oui, Thursday est nommé en honneur de ce géant fougueux qui lance son marteau. Et c'est là que réside, à mon avis, la stratégie de Lewis et sa maîtrise des mots. *Le Fauteuil d'Argent* est centré autour de Thursday, pas de la Lune. Par ailleurs, c'est plus qu'un clin d'œil à Thor/Jupiter et cela englobe également les thurses de la mythologie scandinave. (Sans oublier que *thur* en langue gaélique ancienne signifie *fort*.)

En l'occurrence, les planètes médiévales correspondent aux jours de la semaine. Donc je crois que la théorie de Michael Ward dans *Planète Narnia* était totalement, extrêmement, remarquablement correcte tout en étant erronée en ce qui concerne certains détails spécifiques importants. (Parce que c'est un système fermé, une erreur signifie qu'il y en a au moins deux. Une autre erreur concerne *L'Odyssée du Passeur d'Aurore* qui devrait être alignée avec Wednesday et Woden, qui dans la pensée médiévale correspondait à Mercure, le dieu des voyageurs. Je pense que cette association de *L'Odyssée du Passeur d'Aurore* avec Woden/Mercure est clairement confirmée par un tout petit détail : la mer d'argent ou le lac de lys sur lesquels Reepichep navigue alors qu'il approche l'aurore à la fin du monde. Le lac de lys apparaît dans un mythe sur Mercure : il est aux aguets, dressant des embûches pour la nymphe Chloris qui répand des lys, des roses et des violettes après le soleil quand il se lève.)

Alors toute cette ingéniosité de la part de Lewis était admirable et académique, érudite et merveilleuse. Mais ce n'était pas assez pour catapulter *Le Fauteuil d'Argent* au niveau où il rivaliserait avec mon histoire préférée de tous les temps. Et quand je parle de mes préférences, je fais référence à la satisfaction émotionnelle, pas à la considération intellectuelle.

Ce qui a transformé mon opinion de l'histoire c'est le fait que j'ai étudié Python et les alliances de seuil. Et à mesure que j'ai travaillé à comprendre ces choses et à dresser une liste de leurs symptômes, je me suis rendu compte que *Le Fauteuil d'Argent* est une histoire de seuil sans égale.

Pour commencer, c'est une œuvre fantastique sur les portails. Cela signifie qu'elle traite de portails vers d'autres mondes. Alors plusieurs œuvres fantastiques existent mais elles ne contiennent pas toutes des récits sur des alliances de seuil. L'aspect difficile à ne pas remarquer du Fauteuil d'Argent en ce qui concerne les seuils c'est le fait que Python apparaît – sous la forme d'un serpent vert stupéfiant qui étrangle.

Cela peut sembler suffisant, mais il y a beaucoup plus. La lettre E, si célèbre à Delphes, apparaît à un moment où un choix important doit être fait. Il s'avère plus tard que c'est en fait le portail qui mène au monde souterrain.

De plus, l'esprit d'oubli est représenté par le nombre considérable de problèmes de mémoire auxquels Jill est confrontée.

L'esprit de gaspillage n'apparaît pas mais plusieurs opportunités gâchées sont présentes. L'esprit de rejet n'apparaît pas non plus mais il y a plusieurs incidents où le rejet est présent. De même, l'esprit de contrecoup n'apparaît pas mais la destruction du monde souterrain après la mort de la Sorcière pourrait indiquer sa présence.

L'esprit de vampire, étonnamment, aide les héros : il est représenté par des chouettes, qui symbolisent la chasseuse d'âmes nocturne aux serres acérées, Lilith – la pionnière de l'idée moderne des vampires.

La figure de Python – la sorcière de Green Kirtle – est alliée avec des géants qui cherchent à dévorer les héros. Les héros, séduits par la facilité et le confort, semblent avoir un désir ardent de s'offrir en sacrifice à ces gardiens de seuils joyeux et accommodants. Ironiquement nommés, ces Gentils Géants du château de Harfang[41] combinent des éléments de l'Ogre Rouge (mais sans le chant 'fie-fi-fo-fum'), du géant de *Jacques et le haricot magique* mais avec des manières beaucoup plus civilisées et les fils d'Anak intimidants mentionnés dans la Bible.

Le château de ces géants est situé sur le seuil du chemin vers le monde souterrain – l'endroit où la destinée des héros les attend. D'autres seuils évidents dans l'histoire incluent le pont gigantesque et croulant qui passe par-dessus un fleuve. Pour un médiéviste comme Lewis, le trope de la traversée d'un cours d'eau indique le passage par-dessus une frontière vers le monde des fées. En effet, les héros rencontrent immédiatement la Dame de Green Kirtle qui est accompagnée par un chevalier noir mystérieux et silencieux. Le vert est la couleur traditionnelle du monde des fées et de la magie dans le folklore ancien.

La figure de Python, déguisé en Dame de Green Kirtle, offre des informations ambiguës aux héros. Le Chevalier Noir est le prince enchanté, Rilian, le fils du Roi Caspian.[42] La Dame l'a rendu muet : il reste complètement silencieux et ne sait qui il est que pendant une heure chaque jour. Son identité et sa destinée sont volées.

Plus particulièrement en matière d'alliances de seuils, il est le fils qui a subi un lavage de cerveau et qui est choisi pour affronter son propre père à la tête d'une armée ennemie – un rôle qui correspond à l'action d'un esprit janissaire.[42]

La folie du Prince Rilian est un délire causé par une potion magique. Le mot anglais delirium pourrait bien être un jeu de mots avec son nom. Les lettres 'l' et 'r' sont souvent interchangeables dans plusieurs langues ; l'inversion de Rilian devient 'lirian', une assonance par rapport à *delirium*. Le mot délirium vient de la phrase 'de lira', *au large du sillon*. 'Lira' pourrait être la source du nom Lear, le roi fou de la fameuse pièce de théâtre de Shakespeare, puisque d'autres orthographes mythologiques incluent Leir, Lir, et LLlyr. La ville de Leicester est censée avoir été nommée en l'honneur d'un ancien roi Britannique qui a été enterré dans le temple de Janus sur la rivière Soar. Janus est un dieu des seuils, traditionnellement la plus ancienne divinité romaine – chargé des portes ainsi que du premier mois de l'année. De plus, le *sillon* peut être une allusion, bien qu'incontestablement involontaire, à l'un des fils bibliques d'Anak, ces alliés géants de Python. Le nom de Talmai vient d'une racine du mot *sillon*.[44]

Il y a des allusions beaucoup plus directes à Python, cependant. La Dame sans nom du Green Kirtle représente la Pythie sans nom ou Pythonesse – la prêtrise qui opérait comme oracle de Delphes. L'état de trance de la Pythie alors qu'elle inhale les vapeurs hallucinatoires de la crevasse souterraine est reflétée dans l'état de trance qui afflige les héros alors qu'ils inhalent les émanations hallucinatoires du feu de la Sorcière Verte. Le message au-dessus de l'entrée du sanctuaire de Delphes, *Connais-toi toi-même*, est aussi ambigu que les paroles de l'oracle. Cela suggère, dans un sens, que cette connaissance est relative. C'est le message précis de la Sorcière Verte alors qu'elle conjure un charme et cherche à persuader les héros que le soleil est une illusion, sur la base de l'idée d'une lampe et qu'Aslan est une projection imaginaire d'un chat.

Alors toutes ces choses se rapportent à une alliance de seuil mais la seule garantie que ceci est un thème majeur du livre est qu'il traite très clairement des alliances de nom. Les alliances de nom et de seuil vont de pair. On ne peut pas avoir le deuxième sans le premier. Ils sont conçus pour se renforcer l'un l'autre.

L'alliance de nom qui devrait être – et est – évidente tout au long de l'histoire est Clive Staples Lewis. Son surnom Jack est plus important qu'autre chose mais son nom officiel ne doit pas être négligé.

Regardons de près Clive Staples Lewis pour voir comment l'alliance de nom fonctionne.

Clive est dérivé du Latin 'clivus', qui signifie *cliff*, qui signifie falaise, ou *flanc d'une colline*.

Le terme Staples, des morceaux de métal avec des extrémités pointues, provient à l'origine de l'anglais, 'stapol', qui signifie *un pilier, un poteau, un pôle* ou *une pointe*.

Lewis est un nom gallois qui signifie *lion* et qui est dérivé du nom du dieu celte de la lumière, Llew Llaw Gyffes, le *Lion à la Main Ferme*.

Jack est souvent considéré comme un surnom dérivé de John qui est habituellement considéré comme signifiant Dieu est bienveillant. Cependant, il y a trois apparitions folkloriques de Jack qui sont importantes pour la série de *Narnia* .

1. Jack est un nom qui est communément utilisé dans le folklore anglais comme nom d'un satyre ou d'un faune.[45]

2. Jack est le nom du garçon orphelin qui déjoue un géant dans le conte de fées, *Jacques et le haricot magique*.

3. Jacques est le nom du garçon dans la comptine, *Jack and Jill*, qui va chercher un seau d'eau mais tombe et brise sa couronne.

L'histoire commence avec Eustace Scrubb et Jill Pole qui s'enfuient pour échapper à des brutes dans leur école à travers une vieille barrière et se retrouvent dans le pays d'Aslan, près du bord d'une falaise vertigineuse. Dans cette phrase unique on trouve des références voilées à Clive, à Staples et à Lewis.

Eustace est la forme anglaise d'Eustachys, qui signifie *good spike* ou bonne pointe, bien que ce soit habituellement traduit assez vaguement par *fécond, fructueux* ou *épi de maïs*. Le mot *spike* est bien-sûr une des racines de la signification de 'staple', tout comme l'est *pole* – le nom de famille de Jill.[46] Ces deux noms font allusion à Staples, le nom de famille de la grand-mère maternelle de Lewis.

Différentes histoires contradictoires expliquent l'utilisation du nom d'Aslan dans le *Monde* pour identifier le grand roi et seigneur du bois qui règne sur Narnia. Quelle que soit la version qui s'avère être correcte,[47] le nom turc, 'Aslan', a une signification commune avec le nom gallois, 'Lewis'. Ces deux mots signifient *lion*.

Clive, comme je l'ai déjà mentionné, est dérivé du mot latin pour *cliff* (falaise).

Donc, entre le début du récit et la fin du deuxième chapitre, Lewis avait déjà mis en lumière tous les aspects de son nom officiel.

Son nom préféré, Jack, est évoqué régulièrement – et toujours de manière indirecte – tout au long du reste de l'histoire.

Eustace tombe du haut de la falaise, et après avoir rencontré Aslan, Jill est envoyée sur Narnia par le souffle du lion. Elle dégringole sur les traces d'Eustace, et atterrit avec un grand plouf. Des nuances de la comptine *Jack and Jill*. Voilà la première allusion à Jack – le nom que Lewis s'est donné à la maternelle. De telles références subtiles se répètent tout au long de l'histoire, mais jamais de manière explicite.

Alors parce que cette histoire évoque continuellement des résonances mythiques du nom Jack, naturellement, elle inclut des géants. Qu'y a-t-il d'autre que Jack doit affronter dans le conte de fées le plus durable de tous ayant comme héros un garçon appelé Jack ? Un géant ! Au sommet du haricot.

Lewis a toujours été fasciné par les ennemis de son homonyme. Il écrivit passionnément à propos de Gauvain, le personnage de *Sire Gauvain et le Chevalier vert* (le même poème médiéval traduit par Tolkien) et des ogres qui soufflaient derrière lui dans cette histoire. Le Chevalier Vert de cette histoire est lui-même à moitié ogre, et son épouse dont le nom reste secret a une ceinture verte et semble être une élève de Morgan le Fay.

Donc, il n'est pas surprenant de trouver des bouffées de ce grand poème médiéval, *Sire Gauvain et le Chevalier Vert*, dans tous les ouvrages suivants et jusqu'au *Fauteuil d'Argent*. Il n'y a pas une grande différence entre la Dame à la Ceinture Verte et la Dame à la Robe Verte, particulièrement quand on sait qu'elles sont toutes les deux des spécialistes de l'ambiguïté et de la tromperie.

Il n'est pas non plus entièrement impossible que Puddleglum, le grand, vert et galant Marshwiggle, soit une version rustique du grand, vert et chevaleresque Chevalier Vert lui-même. Le pessimisme caractérise peut-être Puddleglum, à l'opposé de l'expression toujours enjouée du Chevalier Vert, mais ils sont tous les deux des catalyseurs qui poussent les héros de leurs contes respectifs à faire des choix paroxystiques.

Même avant qu'Eustace et Jill rencontrent Puddleglum, mi-ogre, mi-humain, à Ettinsmoor, leurs choix étaient importants. Le souffle du lion qui les propulse dans Narnia renvoie aux ogres soufflant derrière Gauvain – une image que Lewis trouva fascinante.

Le vent est un élément caché dans Narnia : les premières lettres des noms des Sept Seigneurs que Caspian cherche dans l'*Odyssée du Passeur d'Aurore* – Bern, Octesian, Restimar, Rhoop, Argoz, Revilian, Mavramorn – dans l'ordre épellent 'borrar(u)m', le mot latin pour *le vent du nord*.[48]

Peut-être pourrions-nous les considérer comme des Boréens : les *chevaliers du vent du nord*.

Ici nous avons finalement un lien entre l'oracle à Delphes et Lewis qui admet lui-même avoir un 'réel engouement pour la nordicité'. On pensait qu'Apollon, seul parmi les dieux grecs de l'Olympe, était également révéré par les Hyperboréens – les géants qui vivaient dans les terres au-delà du vent du nord. On disait qu'une fois par an, Apollon allait loin dans le nord pour recevoir leur adoration, et à cette époque, l'oracle de Delphes fermait, puisque le dieu du sanctuaire était considéré absent et toujours en voyage.[49]

Mais il y a également un lien entre Delphes et Thor. L'équivalent grec de Jupiter est Zeus et leur équivalent scandinave est Thor. Zeus voulait situer le centre de la terre. Donc, selon la légende, il envoya deux aigles à partir des extrémités de la terre. Propulsés au même moment et voyageant à la même vitesse, ils se rencontrèrent à Delphes. Zeus, voulant des coordonnées GPS plus précises, lança un caillou du ciel et l'endroit où le caillou atterrit était considéré l'omphalos, le nombril de la terre. Le caillou envoyé du ciel était la pierre ombilicale – le rival grec de l''eben ha-shetiyah'.

On dit souvent de Lewis qu'il a développé la série de Narnia comme une allégorie avec un message chrétien spécifique. Plusieurs personnes croient qu'il a eu l'idée d'introduire subrepticement des vérités doctrinales dans les aventures fantastiques pour enfants et témoigner de l'évangile de cette façon. Il réfuta ces allégations à plusieurs reprises. Et si on y réfléchit un petit peu on se rend compte à quel point l'idée est absurde. Un lion qui parle, une sorcière qui utilise des loukoums comme tentation suprême, une penderie qui sert d'entrée dans un autre monde de temps en temps, un faune qui aime les sardines sur toast, un royaume dans lequel c'est toujours l'hiver et jamais Noël – est-ce que tout cela ressemble vaguement à une méthode pour présenter l'évangile ? On ne peut pas prévoir ce qui va arriver dans *Le Lion, la Sorcière blanche et l'Armoire magique* – certainement pas comme *Le Voyage du pèlerin* où il n'y a aucune ambiguïté à propos du Géant nommé Désespoir, Fidèle, Obstiné, Docile, Evangéliste, Ennemi de la vertu ; où n'importe lequel des nombreux autres personnages dont le tempérament est évident lorsqu'on lit leurs noms.

Lewis soutenait que son inspiration pour *Le Lion, la Sorcière blanche et l'Armoire magique* était une photo qui revenait encore et encore dans son esprit depuis son adolescence. C'était l'image d'un faune, debout près d'un réverbère et tenant un parapluie et des colis. Plusieurs décennies sont passées avant qu'il décide d'écrire à propos de ce faune. Et, selon son propre témoignage, dès qu'il l'a fait, 'le Lion est venu en bondissant'.

La faune, comme cela a été mentionné auparavant, renvoie au nom 'Jack'. Et le lion au nom 'Lewis'.

Comme cela a été mentionné auparavant, *Le Fauteuil d'Argent* pourrait être l'offrande sacrificielle de Lewis à Dieu de sa propre précieuse ambition d'être un poète – puisque le fauteuil d'argent était le prix convoité décerné au meilleur barde durant l'eisteddfod gallois.

Du début à la fin, *Le Monde de Narnia* est une lutte contre plusieurs noms : contre 'Clive' et 'Staples', contre 'Lewis' et 'Jack'. Toutefois, c'est également un bras-de-fer avec 'Hamilton', un pseudonyme qu'il a pris pour la publication de ses premiers poèmes.

Hamilton était le nom de jeune fille de sa mère. J'ai le privilège de partager ce nom, ainsi que des ascendances paternelles qui remontent à l'Irlande du Nord. Cela me donne une compréhension assez précise des souillures des alliances de nom dont Lewis a eu tant de mal à se débarrasser. Hamilton est un nom irlandais, ce qui implique qu'il est considérablement plus complexe que son équivalent écossais. Cela peut être une version anglicisée de hUrmoltaigh ou Tromulty !

J'ai même vu une liste une fois ayant une variante commençant par un Z. J'aimerais vraiment retrouver ce site internet. La raison pour laquelle je tiens tellement à jeter un œil sur cette liste, c'est parce qu'une fois qu'on se rend compte que le Z celte ancien se prononce Y, cela révèle un secret caché. La prononciation de la première syllabe de la version irlandaise de 'Hamilton' est 'yom'.

Et 'yom' est le mot hébreu pour *jour*.

Je partage cette obsession subtile pour le temps qui est omniprésente dans *Le Monde de Narnia* et elle est également présente dans mes œuvres de fiction. 'Qu'est-ce exactement, un *jour* ?'

Je dois dire que je pense que Ralph Waldo Emerson a tout compris lorsqu'il a écrit ; 'Personne ne s'imagine que les jours sont des dieux.'

Ayant transformé les entités spirituelles en abstractions conceptuelles, nous ne nous rendons pas compte que le fait d'avoir nommé les jours en l'honneur de dieux est un exercice de consécration aussi sérieux que n'importe quelle cérémonie de baptême.

Lorsqu'on donne un nom, c'est de l'identité qu'il s'agit. Par conséquent, cela concerne aussi la destinée.

Les noms sont incroyablement puissants. Ils peuvent bénir et ils peuvent détruire. Et comme j'ai travaillé avec des personnes souffrant de troubles dissociatifs de l'identité résultant de violences rituelles, j'ai remarqué à plusieurs reprises que le problème était un nom non autorisé qui leur a été donné. La fragmentation du soi est autant un trouble dissociatif du nom qu'un trouble de l'identité.

Lewis nous a ouvert la voie. Je crois que la raison pour laquelle ses romans sont aussi attrayants pour les âmes d'autant de petits enfants, c'est parce qu'ils nous rassurent sur le plan spirituel. Nous y trouvons des histoires qui ne nous donnent pas de formule mais nous montrent un modèle, basé sur le nom de Lewis, pour mettre en échec les sorcières – les yiddeoni, les hamingjur, les flygjur, les esprits familiers – de notre descendance.

Le thème spirituel du *Fauteuil d'Argent* dit : 'Python peut être vaincu.'

Non seulement cela, mais les Jours qui semblent être une abstraction pour les calendriers, mais qui sont en fait des dieux planétaires – les dominations des ténèbres qui dominent le monde – oui, elles aussi peuvent être vaincues. Et si les dominations peuvent l'être, n'importe quelle puissance cosmique peut aussi l'être.

De plus, nous avons le sentiment au dedans de nous que ce n'est pas juste une histoire – au plus profond de nos esprits, nous savons que Lewis ne pouvait pas avoir compris cela à moins qu'il ait déjà vécu ce paysage spirituel lui-même et qu'il ait eu à affronter le pire et l'ait surmonté.

Donc, nous nous basons sur son témoignage et nous savons que nous pouvons passer par-dessus le seuil et arriver dans le Pays d'Aslan.

Nous sommes invités à 'venir plus haut et plus profondément' dans une intimité toujours plus grande avec le *Dieu du Pays*.

# Notes de fin

1. Le mot hébreu, 'pethen', פתן, apparaît directement six fois dans les Écritures.

   Deutéronome 32:33 BDS – *'...un poison mortel craché par des vipères.'*

   Job 20:14 LSG – *'...un venin d'aspic.'*

   Job 20:16- LSG – *'...du venin d'aspic.'*

   Psaume 58:4 LSG – *'...un aspic sourd qui ferme...'*

   Psaume 91:13 LSG – *'...sur le lion et sur l'aspic...'*

   Esaïe 11:8 MARTIN – *'...sur le trou de l'aspic...'*

2. L'hébreu n'a pas de voyelles, donc les consonnes clé sont **p**(h) **t**(h)**n** qui sont présentes à la fois dans 'pethen' et 'miphtan'. Les traductions anglaises ne décrivent pas 'miphtan' comme *profané*. Le mot est simplement traduit par *seuil*. Toutefois, un autre mot peut aussi être utilisé pour *seuil* : 'kaph'. Ayant examiné leurs contextes, je crois que différents mots décrivent un seuil ordinaire (*béni*) et un seuil *profané* et ils doivent être distingués les uns des autres. Il n'y a que huit passages dans les Écritures où figure le mot miphtan, מפתן. Sur ces huit, les cinq premiers sont des seuils *profanés*. Le huitième n'a pas de sens sauf si lui est aussi est un seuil profané, sinon il contredirait les ordonnances relatives aux seuils ordinaires.

   1 Samuel 5:4 BDS – *'...coupées gisaient sur le seuil...'*

1 Samuel 5:5 BDS – '...*qui viennent dans le temple de Dagon à Ashdod ne marchent pas sur le seuil...*'

Ézéchiel 9:3 BDS – '...*le seuil du temple...*'

Ézéchiel 10:4 SG21 – '...*du chérubin et s'est dirigée vers le seuil du temple...*'

Ezéchiel 10:18 NAS – '...*s'est retirée du seuil du temple...*'

Ezéchiel 46:2 BDS – '...*Il se prosternera sur le seuil de la porte...*'

Ezéchiel 47:1 SG21 – '...*sous le seuil du temple...*'

Sophonie 1:9 SG21 – '...*sautent par-dessus le seuil...*'

3. 'L'esprit de l'escalier' signifie que la répartie ne vous vient à l'esprit qu'une fois que vous êtes parti(e) et que vous descendez les escaliers.

4. Editions Abarim, abarim-publications.com/ Meaning/ Pethor (lu le 16 novembre 2016)

5. Par souci de terminer les pensées de Butler sur ce que son expérience signifie, voici le reste de sa pensée dévotionnelle :

   Alors, bien-sûr, la chair me disait de riposter. Je venais tout juste d'être marié et je n'avais pas d'argent. Mon épouse n'avait pas d'emploi. Mais la Parole de Dieu dit que la vengeance appartient à Dieu. Donc je pouvais faire une des deux choses suivantes : obéir à la chair ou obéir à la Parole. J'ai obéi à la Parole.

   Plus tard, j'ai commencé à travailler pour une grande compagnie pétrolière dans un poste similaire et elle a fermé sept mois plus tard. Puis Dieu m'a donné un emploi formidable dans une entreprise informatique importante. Chaque fois que j'étais forcé de changer d'emploi, Il me bénissait en m'en donnant un autre. Grâce à ma performance excellente, j'étais bien placé pour passer à un poste de gestion. C'est à peu près à cette époque-là que le Seigneur m'a dit 'démissionne et va à l'école biblique'. J'ai obéi au Seigneur et je suis allé à l'école biblique. Pendant que j'allais à l'école, mon épouse et moi recevions un miracle financier tous les 30-45 jours. Dieu pourvoyait à nos besoins de manière surnaturelle lorsque nous étions étudiants. Nous étions endettés lorsque nous sommes arrivés à l'école biblique, mais à l'obtention des diplômes, nous n'avions plus de dettes. Dieu nous envoya dans le ministère sans dettes.

Lorsqu'on vit une vie dans l'obéissance à Dieu, il n'y a rien que les hommes ou les systèmes humains puissent faire pour nous limiter. On peut rencontrer un obstacle ici et là. Mais si on reste fidèle à la Parole, le résultat final sera qu'on ne recevra que des bénédictions pour nous et les nôtres.

6. Ou alors, lorsqu'on entreprend un parcours sur plusieurs années comme l'a fait Caroline, il frappe habituellement entre les six dernières semaines et le dernier mois.

7. Voir *God's Poetry: The Identity and Destiny Encoded in Your Name*, Armour Books 2012

8. Ils semblent plus similaires en anglais qu'ils ne le sont en hébreu. Le mot qui signifie ange du seuil, 'cherub', commence par la lettre 'kaph', K, alors que chereb commence par un hei, CH ou H. Il est évident qu'il y a néanmoins un lien poétique important entre les deux : l'autre nom du Sinaï est Horeb – 'qui est le même mot que 'chereb'. Alors que 'chereb' se traduit habituellement par *perte* ou *désert* dans ce cas, Horeb pourrait tout aussi légitimement se traduire *montagne de l'épée (des chérubins)*. Il est mis en contraste, dans Hébreux 12:22, avec la *montagne des myriades d'anges*.

9. Cette ancienne sentinelle qui exigea une réponse à une devinette est à bien des égards, semblable au chien de garde monstrueux qui gardait les portes d'Hadès, la

version grecque des Enfers. Le Cerbère – 'la progéniture de Typhon et Échidna – 'avait une crinière, les pattes d'un lion, la queue d'un serpent et trois têtes. Ces têtes étaient souvent représentées comme appartenant à des chiens ou parfois, comme dans le culte de Sérapis, à un lion, un chien et un loup.

**10.** Accompagné, apparemment par Timothée ainsi que Luc, puisque Luc écrit 'nous' au verset 16.

**11.** Actes 16:7–40 SG21 :

> *'Arrivés près de la Mysie, ils se préparaient à entrer en Bithynie, mais l'Esprit de Jésus ne le leur permit pas. Ils traversèrent alors la Mysie et descendirent à Troas. Pendant la nuit, Paul eut une vision ; un Macédonien lui apparut et le supplia : « Passe en Macédoine, secours-nous! » Suite à cette vision de Paul, nous avons aussitôt cherché à nous rendre en Macédoine, concluant que le Seigneur nous appelait à y annoncer la bonne nouvelle.*
>
> *Après avoir embarqué à Troas, nous avons fait voile directement vers Samothrace, et le lendemain vers Néapolis. De là nous sommes allés à Philippes qui est la première ville du district de Macédoine et une colonie. Nous avons passé quelques jours...*
>
> *Alors que nous nous rendions au lieu de prière, une jeune esclave qui avait un esprit de divination est venue à notre rencontre. Par ses prédictions, elle procurait un grand profit à ses maîtres. Elle s'est mise à nous suivre, Paul et nous, en criant : « Ces hommes sont les serviteurs du Dieu très-haut et ils nous annoncent le chemin du salut. » Elle a fait cela pendant plusieurs jours. Paul, agacé, s'est retourné et a dit à l'esprit : « Je t'ordonne, au nom de Jésus-Christ, de sortir d'elle. » Il est sorti au moment même.*
>
> *Quand les maîtres de la servante ont vu disparaître l'espoir de leur gain, ils se sont emparés de Paul et Silas et les ont*

*traînés sur la place publique devant les magistrats. Ils les ont présentés aux juges en disant : « Ces hommes sèment le trouble dans notre ville. Ce sont des Juifs et ils annoncent des coutumes qu'il ne nous est pas permis d'accepter ni de suivre, à nous qui sommes Romains. »*

*La foule s'est aussi soulevée contre eux, et les juges ont fait arracher leurs vêtements et ordonné qu'on les batte à coups de fouet. Après les avoir roués de coups, ils les ont jetés en prison en recommandant au gardien de la prison de les surveiller de près. Face à une telle consigne, le gardien les a jetés dans la prison intérieure et a emprisonné leurs pieds dans des entraves.*

*Vers le milieu de la nuit, Paul et Silas priaient et chantaient les louanges de Dieu, et les prisonniers les écoutaient. Tout à coup, il y a eu un tremblement de terre si violent que les fondations de la prison ont été ébranlées. Toutes les portes se sont immédiatement ouvertes et les liens de tous les prisonniers ont été détachés. Lorsque le gardien de la prison s'est réveillé et a vu les portes de la prison ouvertes, il a tiré son épée, prêt à se tuer car il croyait que les prisonniers s'étaient enfuis. Mais Paul a crié d'une voix forte : « Ne te fais pas de mal, car nous sommes tous ici. » Alors le gardien a demandé de la lumière, est entré précipitamment et s'est jeté tout tremblant aux pieds de Paul et de Silas. Il les a fait sortir et a dit : « Seigneurs, que faut-il que je fasse pour être sauvé ? »*

*Paul et Silas ont répondu : « Crois au Seigneur Jésus-Christ et tu seras sauvé, toi et ta famille. » Et ils lui ont annoncé la parole du Seigneur, ainsi qu'à tous ceux qui étaient dans sa maison. A cette heure-là de la nuit, le gardien les a emmenés pour laver leurs plaies. Il a immédiatement été baptisé, lui et tous les siens. Après les avoir conduits chez lui, il leur a servi à manger. Il se réjouissait avec toute sa famille d'avoir cru en Dieu.*

*Quand il a fait jour, les juges ont envoyé leurs agents dire au gardien de la prison : « Relâche ces hommes. »*

> *Le gardien a rapporté ces paroles à Paul : « Les juges ont fait dire de vous relâcher. Sortez donc maintenant et partez dans la paix ! » Mais Paul a dit aux agents : « Après nous avoir fait battre en public et sans jugement alors que nous sommes romains, ils nous ont jetés en prison, et maintenant ils nous feraient sortir en secret ? Il n'en est pas question. Qu'ils viennent eux-mêmes nous remettre en liberté ! » Les agents ont rapporté ces paroles aux juges, qui ont été effrayés en apprenant que Paul et Silas étaient Romains. Ils sont venus leur présenter des excuses et les ont libérés en leur demandant de quitter la ville. Une fois sortis de la prison, ils sont entrés chez Lydie et, après avoir vu et encouragé les frères et sœurs, ils sont partis.*

**12.** Jentezen Franklin, *The Spirit of Python: Exposing Satan's Plan to Squeeze the Life out of You*, Charisma House 2013

**13.** Même le fait de mentionner le laiton est un détail important. Pour les Hébreux, le mot pour *laiton* est 'nechushah', qui est apparenté à *bronze*, 'nechash', qui est lié à *serpent*, 'nachash'.

**14.** Une pierre ombilicale est un artefact religieux qui marque symboliquement le 'centre de la terre'. De tels centres sont des points de référence culturels et existent sur la plupart des continents. Pour les Juifs ainsi que pour les Chrétiens médiévaux, le centre de la terre était Jérusalem.

Pour les Grecs anciens néanmoins, le centre de la terre était à Delphes. Ce lieu avait été établi par Zeus, le chef des dieux de l'Olympe. Lors d'une de ses premières expériences scientifiques, il avait lancé deux aigles des extrémités opposées du monde. Les oiseaux se sont envolés au même moment et ont volé à vitesse égale. Ils se sont croisés au-dessus de la région de Delphes. Ensuite, pour déterminer l'emplacement exact où le centre de la terre se situait, Zeus lança un caillou du ciel pour voir où il tomberait. Plus tard, ce caillou devint prétendument le symbole d'Apollon, de l'Oracle sacré et plus généralement de la région de Delphes.

**15.** Reflétant quatre utilisations de 'si' dans Philippiens 2:1 – *S'il y a donc de l'encouragement en Christ, s'il y a de la consolation dans l'amour, s'il y a une communion de l'Esprit, s'il y a de la tendresse et de la compassion...* (SG21)

**16.** Wikipédia le reconnaît : https://en.wikipedia.org/ wiki/ Omphalos

**17.** Voir *God's Pageantry: The Threshold Guardians and the Covenant Defender*, Armour Books 2014

**18.** Il me faut un livre tout entier pour expliquer cette phrase, donc je ne vais même pas essayer de le faire à ce stade. Je vais simplement dire que la conception littéraire de l'Évangile de Jean est organisé en paires épisodiques jumelées – 'incontestablement inspirée par la forme de poésie hébraïque appelée chiasme. Donc, pour comprendre pleinement ce que Jean dit, il est vital de trouver la scène jumelée à la fin de l'évangile. Une discussion préliminaire sur cette conception littéraire est décrite dans *God's Pottery: The Sea of Names and the Pierced Inheritance*, Armour Books 2016. J'espère pouvoir un jour ou l'autre écrire un livre entier sur le sujet, parce que c'est le procédé littéraire le plus exubérant dans son élégance et sa beauté, agrémentant sa remarquable conception mathématique. (Voir : Maarten Menken, *Numerical Literary Techniques in John—The Fourth Evangelist's Use of Numbers of Words and Syllables*, Brill 1985)

**19.** jewishstudies.eteacherbiblical.com/bethesda-pool-jerusalem-shrine-asclepius/

**20.** Voir *Online Etymology Dictionary*. Recherche : *syu-

**21.** L'idée de nous lier nous-mêmes au Seigneur est la notion qui sous-tend la mise en garde, *'Attends-toi à l'Eternel'* dans le Psaume 27:14. D'une façon différente, c'est également le concept des hymnes irlandais appelés loricas ou chansons de la cuirasse. Comme par exemple, dans la lorica attribuée à Saint Patrick, *Le cri du daim*, dans la traduction évocatrice de CF Alexander :

Je lie à moi-même aujourd'hui
le nom puissant de la Trinité
en invoquant la Trinité,
la Trinité dans l'Unité.

Je lie à moi-même aujourd'hui et pour toujours
par la puissance de la foi,
la vertu de l'Incarnation de Christ,
Son baptême dans le Jourdain,
Sa crucifixion pour mon salut,
Son enterrement,
Sa résurrection et Son ascension,
Sa venue le jour du Jugement ;
je lie à moi-même aujourd'hui.

Je lie à moi-même la puissance
du grand amour des Chérubins ;
La douce parole 'Très bien' à l'heure du jugement ;
Le service des Séraphins,
La foi des Confesseurs, la parole des Apôtres,
La prière des Patriarches, les parchemins des Prophètes,
Toutes les bonnes œuvres faites en l'honneur du Seigneur,
Et la pureté des âmes vierges.

Je lie à moi-même aujourd'hui
Les vertus du paradis étoilé,
Le rayon glorieux vitalisant du soleil,
La blancheur de la lune en soirée,
L'étincellement de l'éclair libre,
Les chocs tumultueux du vent tourbillonnant,
La terre stable, la profonde mer salée,
Autour des anciens rochers éternels.

Je lie à moi-même aujourd'hui
La Puissance de Dieu pour tenir et guider,
Son œil pour veiller, Sa force pour rester,
Son oreille pour prêter l'oreille à mon besoin.
La sagesse de mon Dieu pour enseigner,
Sa main pour guider, Son bouclier pour repousser,

La parole de Dieu pour me donner la parole,
Ses milices célestes pour me garder.

Des pièges démoniaques du péché,
Le vice qui donne la force à la tentation,
Les convoitises naturelles qui luttent au-dedans,
Les hommes hostiles qui gâchent mon parcours ;
Ou peu ou nombreux, loin ou proche,
A tout endroit et à toute heure
Contre leur hostilité farouche,
Je lie à moi-même ces puissances saintes.

Contre les sorts et les ruses de Satan,
Contre les mots mensongers de l'hérésie,
Contre la connaissance qui profane,
Contre l'idolâtrie du cœur,
Contre les arts maléfiques du magicien,
Contre la blessure mortelle et la brûlure,
La vague étouffante et la tige empoisonnée,
Protège-moi, Christ, jusqu'à Ton retour.

Christ avec moi, Christ en moi,
Christ derrière moi, Christ devant moi,
Christ pour me convaincre,
Christ pour me réconforter et me restaurer.
Christ en-dessous de moi, Christ au-dessus de moi,
Christ dans le silence, Christ dans le danger,
Christ dans le cœur de tous ceux qui m'aiment.
Christ dans la bouche de l'ami et de l'étranger.

Je lie à moi-même aujourd'hui
le Nom puissant de la Trinité
en invoquant la Trinité,
la Trinité dans l'Unité.
Dont toute la nature a été créée,
le Père Éternel, l'Esprit, la Parole :
Louange au Dieu de mon salut,
le salut vient de Christ le Seigneur.

22. Aussi épelé 'tétractys'.

**23.** Plutarque, le même grand prêtre de Python Apollon qui écrivit *On the E at Delphi*, révéla cela dans cet essai sur Isis et Osiris. La majorité de l'information que nous avons sur le rôle d'Isis et d'Osiris dans la religion égyptienne vient de Plutarque – 'ce qui, pour nous donner un parallèle moderne, est semblable au fait de dépendre du Dalaï Lama pour découvrir les secrets de la foi Sikh.

**24.** C'est aussi organisé en notation musicale qui inclut l'octave et la quinte juste.

**25.** Susanne Kries, *Skandinavisch-schottische Sprachbeziehungen im Mittelalter: Der altnordische Lehneinfluss*, University Press of Southern Denmark 2003

**26.** Les mots hébreux liés à ces noms sont :

'angq – *cou, long cou, collier, col, étrangler, étouffer*

chanaq – *être étroit, étrangler, étouffer à mort, les décorations d'une couronne de fleur*

'anak – *le poids du plomb, plomb*

Le nom Ahiman ('achicyman) pourrait signifier : *mon frère est un don ou qui est mon frère ?* ou *mon frère est comme moi*, c'est-à-dire, *un jumeau*

Pour essayer de dévoiler la signification de ce nom pour l'un des fils d'Anak, les éléments suivants devront peut-être être pris en compte :

Le mot, 'ach', est *frère, demi-frère, parent, proche, même ressemblance*. Le mot hébreu 'men' signifie *portion* ou *corde d'une harpe*, d'une racine inhabituelle qui signifie *répartir, conférer* ; il est apparenté à 'mene', *nombre, répartir, ordonner, mina, soixante shekels* et à 'min', *comparaison, similaire*. Gardant à l'esprit l'importance des dispositifs poétiques, il est important de noter que 'minchach', *don*, est basé sur une réorganisation de lettres.

Le frère d'Ahiman, Sheshay ou Sheshai, a un nom qui signifie peut-être *noble*, probablement tiré de Shashay, qui vient probablement de *blanc décoloré, albâtre, lin fin.* Cependant, 'shay' signifie *don*, donc cela irait bien avec l'une des signification potentielles d'Ahiman, *on frère est un don*.

Talmay (Talmai) est le plus intéressant des trois noms. Je pense également que c'est l'origine de Thomas. Talmai est supposé signifier *sillonné* de 'telem', *sillon, accumuler (les richesses)*. Talmai commence par la lettre hébraïque tav. Et bien que 'telem', *oppression* ou *briser violemment* ait pour première lettre la lettre hébraïque tet, je considère qu'ils sont devenus tellement enchevêtrés que les noms Talmon, *oppresseur*, et Ptolémée, *agressif, belliqueux*, viennent tous les deux de ce mot. Et ainsi, finalement les noms bibliques Barthélémy et Thomas renvoient à Talmai, celui qui cause le doute. Ironiquement, on se souvient de Barthélémy et Thomas non pas parce qu'ils ont causé du doute, mais parce qu'ils ont douté.

Voir *God's Pageantry: The Threshold Guardians and the Covenant Defender* pour une analyse du nom de Thomas et sa relation avec Talmai, l'un des géants de Hébron.

**27.** Isaac Mozeson dans *The Word : The Dictionary That Reveals The Hebrew Source of English* suggère que le mot cou est dérivé de la même source qu'An.

**28.** Voir Exode 24:9–11 et Exode 32:1–25

**29.** Bien que ce ne soit en aucun cas le seul. Commencez votre aventure en demandant à Dieu en priant et en Lui demandant de vous guider vers le mentor, le leader spirituel ou le ministère qui vous correspondent – 'vers un edroit où vous trouverez à la fois la grâce et la lumière ; pas la grâce de mauvaise qualité ou la lumière douce. La grâce qui vous pousse à l'intégrité, plutôt que de vous laisser 'vous tirer d'affaire', et la lumière qui est chirurgicale et qui guérit.

**30.** Le mot envie vient du latin 'invidere' qui signifie regarder avec malveillance. C'est bien pire que de dire : 'Si seulement j'avais ce que tu as.' La malveillance indique un sentiment 'hostilité qui dit : 'Je suis en colère contre toi à cause de ce que tu as.' Et la colère, comme Jésus l'a fait remarquer, est le meurtre dans le cœur. De plus, l'envie dit à Dieu : 'Tu as fait une erreur ! Tu aurais dû me donner ce qu'il a. Je mérite mieux ! Tu ne pourvois pas à mes besoins comme Tu devrais le faire.'

Allez un peu plus en profondeur dans la jalousie et l'envie et il est évident que ce sont des attitudes de haine envers les autres, ainsi qu'un manque de confiance en Dieu et l'ingratitude envers Lui.

**31.** Dans *Poet & Peasant and Through Peasant Eyes: A Literary-Cultural Approach to the Parables in Luke*, Ken Bailey examine les traductions araméennes des évangiles et souligne que les mots originels de Jésus sont profonds, mémorables et superbement poétiques. Cela avait du sens pour lui que les auteurs des évangiles aient pu se souvenir des paraboles des décennies plus tard et les aient écrites. Des différences mineures dans les formulations résultent de leur choix de langues pour la traduction de Ses paraboles en grec.

**32.** Ephésiens 2:10 dans la version grecque dit, *'Nous sommes Sa poésie,'* plutôt que l'interprétation habituelle : *'Car nous sommes son ouvrage.'*

**33.** Dans Genèse 25:30, Ésaü ne demande pas à Jacob du *ragoût* ni *des lentilles*, mais du 'roux'. La New American Standard Bible traduit ainsi parfois sa requête comme étant une demande du 'truc rouge'. Ce verset implique que la vente de son droit d'aînesse incluait une alliance de nom, puisqu'Ésaü a acquis le nom Edom, *rouge*.

**34.** Esaïe 30:7

**35.** Bien que, pour plus de confusion, c'est souvent traduit *autorités* alors que *puissances* est utilisé pour les *dominations*.

36. Un mot exceptionnel, 'kosmokrátor', *puissances du monde ou dominations*, est utilisé dans Éphésiens 6:12 où, il semble que Paul faisait une distinction hiérarchique entre les principautés, puissances et dominations. Kosmokrátor est dérivé de kosmos, *monde, univers, cosmos* et de krátos, *force, puissance, domination, pouvoir* ou de krateó, *gouverner, maîtriser, contrôler*.

37. http://nbcnews.to/2rAqXB2

38. Aussi parfois **pht**, comme dans le nom Naphtali, *tordre, lutter, ruser*.

39. Un autre nom pour la déesse de la lune, la romaine Diane ou la grecque Greek Séléné, utilisé dans *Cynthia's Revels* ou The *Fountain of Selfe-Love* écrits par Ben Jonson.

40. La mère de Rilian tout au long de la série *Narnia* ne reçoit jamais aucun autre nom que la Fille de Ramandu. Néanmoins, dans *Le Fauteuil d'Argent*, elle est vraiment semblable à Herodis, le personnage semblable à Eurydice dans *Orphée*. Malheureusement, contrairement à un récit médiéval, son histoire n'a pas eu de dénouement heureux.

41. Il est difficile de savoir la signification que Lewis avait l'intention de donner à Harfang mais 'har' est si souvent, dans plusieurs langues, associé aux hauts lieux, je suppose que c'est simplement *élevé*. Et 'fang' peut être une *dent pointue* mais je pense que ce n'est pas suffisant pour Lewis le l'orfèvre des mots. Et qu'en est-il de 'fane', *temple* ? Le temple oraculaire à Delphes était à la fois en hauteur sur une falaise et dans une cave souterraine. Harfang, en tant que château élevé et seuil vers les Enfers, remplit les deux critères.

42. Prince Caspian est un nom résolument inhabituel. Il pourrait être inspiré par la mer Caspienne, ou venir du mot juif, 'caspi', *argent* ou du Vieux perse, 'caspar', *trésorier* ou de 'casapi', *boucher*. Peut-être qu'il a de plus grandes chances d'être Perse, puisque l'oncle de Caspian, Miraz, semble avoir un nom dérivé de 'mirza', le mot perse qui signifie *prince*.

**43.** Cet ouvrage ne contient pas une discussion détaillée sur l'esprit de janissaire. En résumé, c'est un esprit d'armée dont la mission principale est de dresser les enfants contre leurs parents. Plus précisément, il veut que le fils tue le père. Sa deuxième intention est de pousser ces ennemis à offrir toutes les ressources nécessaires pour la guerre contre eux-mêmes. Le travail de cet esprit se trouve dans 2 Samuel 2:8-28, où il est révélé comme étant un gardien de seuil (bien que son nom ne soit pas précisé) et aussi comme étant un allié de l'esprit de vampire. Pour plus d'informations, voir *God's Pottery: The Sea of Names and the Pierced Inheritance*, Armour Books 2016.

**44.** abarim-publications.com/Meaning/Talmai.html

**45.** Cette créature mi-humaine, mi-chèvre de la mythologie classique a été associée à la Morris dance – 'sans doute du fait que les artistes portaient souvent des masques et des costumes d'animaux pour qu'ils semblent être mi-humains, mi-bêtes.

Selon Robert Graves dans *The White Goddess*, la Morris dance tire son origine d'un rite de fertilité qui aboutissait à la mort sacrificielle de l'un des danseurs. Cette victime était souvent appelée 'Robin'. Le meurtrier était souvent appelé 'Jack'. Durant les festivités orgiaques, les danseurs de Morris dance masqués couchaient avec autant de femmes qu'ils le souhaitaient. Neuf mois plus tard, une femme pouvait appeler enfant Robinson *(Robin's son, le fils de Robin)* ou Jackson *(Jack's son, le fils de Jack)*, si elle connaissait l'identité du père. Ou, si la nuit était sombre et qu'elle ne savait pas exactement avec qui elle avait couché, elle pouvait juste appeler son enfants Morrison *(son of a Morris, fils d'un enfant d'un danseur de Morris dance)*.

Bien que cela ne soit jamais mentionné, il y a des réminiscences légères des cérémonies de Morris dance tout au long du *Monde de Narnia - Le Lion, la Sorcière blanche et l'Armoire magique*. Dans certaines traditions de Morris dance, un morceau de gâteau aux raisins ou de confiserie est empalé sur une épée et distribué aux spectateurs. Parfois le porteur d'épée était une Reine vêtue de blanc – 'son nom, si elle n'était pas anonyme, était souvent Maid Marian. Cette pratique moderne fait écho à une pratique ancienne et barbare : à l'origine, c'était une tête humaine empalée sur une épée.

Dans *Le Monde de Narnia - Le Lion, la Sorcière blanche et l'Armoire magique*, la Sorcière Blanche, la prétendue Reine de Narnia, tente Edmund avec un loukoum. La friandise sucrée symbolise 'la tête de mon ennemi'. Pas étonnant qu'Edmund n'arrive pas à s'en passer !

**46.** Jill Pole a un nom de famille qui évoque le frêne universel, le centre des domaines des dieux et de la 'Terre du Milieu' de l'humanité dans la mythologie scandinave. Il évoque également l'axis mundi, l'axe du monde, ainsi que l'idée du Pôle nord, de l'étoile polaire, du point de mire et de la montagne cosmique.

Son prénom évoque la fille dans la comptine *Jack and Jill*. Ce verset est considéré par les folkloristes comme un fragment du conte de Hjúki et Bil – 'dont on pense qu'ils sont des astéroïdes capturés en orbite lunaire qui ont fini par être attirés par la gravité terrestre et jetés dans la mer. (Lewis Spence, *Dictionary of Non-Classical Mythology*)

**47.** Pendant plusieurs années, l'idée suivante circulait ; on disait de Lewis qu'il était fort possible qu'il ait vu un paquet d'Aslans – 'des cigarettes turques portant la photo d'un lion sur l'avant du paquet. Cependant, Kathryn Lindskoog soutenait que Lewis aurait eu connaissance du nom, l'ayant lu dans la thèse de MA Manzalaoui sur les *Mille et Une Nuits* qu'il a supervisée de 1945 à 48. Bien que cela puisse expliquer la provenance d'un mot signifiant *lion*, cela n'explique pas la nature divine d'Aslan.

Je crois qu'il faut se tourner davantage vers le nord et examiner les langues scandinaves pour établir ce lien. Lewis confessa que dès son jeune âge, il avait un 'engouement pour la nordicité'—un engouement pour les histoires des dieux scandinaves. Tout commença pour lui lors de la narration de la mort de Balder dans une histoire appelée *Tegna's Drapa*.

Cette description d'un écho aigu et solitaire, vibrant à travers le ciel arctique, enflamma son imagination. A mon avis, son point culminant manifeste était l'hiver interminable du *Monde de Narnia, Le Lion, la Sorcière blanche et l'Armoire magique* qui est tellement semblable au Fimbulvetr enchanté de la mythologie scandinave. De plus, plusieurs noms importants viennent de la mythologie scandinave (Fenris Ulf dans la version américaine qui est le loup Maugrim dans la version britannique ; et bien-sûr le frêne universel.)

L'admiration de Lewis pour tout ce qui est scandinave était tellement notoire qu'il fut le choix évident pour une mission inhabituelle du Secret Intelligence Service, le service de renseignements extérieurs du Royaume-Uni pendant la Seconde Guerre Mondiale : convaincre le peuple islandais qu'une invasion surprise de leur pays par la Grande-Bretagne n'était pas une action ennemie. Gagner les cœurs du peuple pour qu'ils soient de leur côté et soient prêts à les aider contre les opérations navales allemandes dans l'Atlantique Nord. Dans cette propagande radiodiffusée, Lewis parla de 'l'Esprit scandinave dans la littérature anglaise', expliquant qu'il s'adressait au peuple islandais pour régler une dette importante. Sa créativité, dit-il, avait été éveillée à l'âge de 14 ans par la mythologie scandinave, et son amour pour cette mythologie s'était approfondie lorsqu'il commença à étudier la langue islandaise à Oxford.

Pour toutes ces raisons, je pense que toute analyse du nom Aslan qui ne prend pas en compte le Vieux Norrois/la langue islandaise ancienne ne rend pas justice au premier amour littéraire de Lewis.

Alors, que signifie Aslan en Vieux Norrois ? Simplement *dieu de la terre*. La première syllabe 'as' signifie *dieu*, et la dernière syllabe 'lan' vient de *land*, terre.

*Dieu de la terre* est la description parfaite du Seigneur de la Forêt et Grand Roi de Narnia. De manière fortuite, Aslan est un mot se dit dans plusieurs langues tout en gardant une signification valide.

**48.** Je ne sais pas si c'est une découverte personnelle ou si je l'ai lu quelque part. Mes excuses les plus sincères si j'ai utilisé cette information sans donner de références. Je rectifierai cette erreur dans les éditions suivantes.

**49.** Bien-sûr, c'est semblable à Perséphone, la déesse des vents d'automne et la Reine des Enfers. Il est possible que la Fête de l'Automne célébrée par les géants soit influencée par ces vents. Ceci dit, et malgré cela et malgré le fait qu'il ait été dit que Perséphone avait un fauteuil en argent, je pense que l'importance de l'allusion dans *Le Fauteuil d'Argent* évoque davantage la Pythie que la compagne de Hadès.

www.ingramcontent.com/pod-product-compliance
Lightning Source LLC
Chambersburg PA
CBHW021143080526
44588CB00008B/200